DESDE MI GRÚA

Manual del elector aguzao

Pérez Figueroa, Silverio, 1948 –

Desde mi grúa: Manual del Elector Aguzao

Silverio Pérez - Bogotá: Grupo Editorial Norma, 2008

239 p. ; 16 x 24 cm. - (Colección El humor nuestro de cada día)

ISBN 978-958-45-1330-4

CEP – Banco de la República – Biblioteca Luis Ángel Arango

Dirección editorial:
Gizelle F. Borrero

Coordinación editorial:
Bárbara Forestier

Corrección de prueba:
Damaris Reyes Vicente

Recopilación de textos:
Andrea Pérez Homar

Diseño, diagramación y
armada electrónica:
disenograficocreativo@gmail.com

Diseño de cubierta:
Juan Antonio Alberty Mercado

Diseño de caricaturas:
Raúl Martínez Rivera
Editora Géminis Ltda.
Fotografía del autor:
Edwin David Cordero

CC: 28000925
ISBN: 978-958-45-1330-4

DESDE MI GRÚA

Manual del elector aguzao

Silverio Pérez

GRUPO
EDITORIAL
norma

Bogotá, Barcelona, Buenos Aires, Caracas, Guatemala.
Lima, México, Panamá, Quito, San José, San Juan,
Santiago de Chile, Santo Domingo.

A Kari

*Porque con su amor y solidaridad
ha sido mi inspiración en todo lo que
he realizado en este nuevo milenio.*

CONTENIDO

SE HAN BOTADO CON SU APOYO

Luis Alberto Ferré Rangel, Héctor Peña, Francisco Vacas, Linda Hernández y Rosario Giró de *El Nuevo Día* por la oportunidad de publicar y por el respeto que siempre han tenido por lo que he publicado.

Gizelle F. Borrero por su amor y entusiasmo en este proyecto, y mi nueva familia del Grupo Editorial Norma por abrirme sus puertas.

Mercedes López-Baralt por su cariño y, sobre todo, por honrarme con sus palabras en el prólogo de este libro.

Juanma Passalacqua, por ser mi maestro en politología y por cerrar, con broche de oro, esta recopilación de columnas.

Luzie Muñiz, por siempre ser solidaria, fiel y eficiente.

Bárbara Forestier por su entusiasmo y por el equipo de colaboradores que coordinó para hacer este libro.

Damaris Reyes Vicente por su amistad y por ser una correctora minuciosa.

Raulito Martínez por compartir su genialidad, una vez más, con mis escritos.

Andrea, mi querida hija, por recopilar con amor y meticulosidad las distintas columnas dispersas en mi computadora.

PRÓLOGO

La risa mata el miedo

El título de estas palabras liminares es una frase de Umberto Eco. En *El nombre de la rosa* la pone en boca del fraile Guillermo de Baskerville, una suerte de Sherlock Holmes medieval, quien, acompañado de su Watson particular (el novicio Atso), persigue al bibliotecario ciego. Se trata de un Borges maligno que ha asesinado a cuantos en su monasterio han querido leer un tratado de Aristóteles sobre la risa. A punto de atraparlo, fray Guillermo le pregunta a Jorge de Burgos el por qué de impedir, recurriendo al horror del crimen, la lectura de un libro de tema tan inofensivo. Este responde: porque "la risa mata el miedo, y sin el miedo no puede haber fe. Porque sin miedo al diablo ya no hay necesidad de Dios".

La risa mata el miedo. Cierto es, pero en el caso del libro que nos ocupa —*Desde mi grúa*— quisiera darle la vuelta al argumento del bibliotecario asesino. La risa mata el miedo, y con miedo no puede haber fe. Fe que se yergue como meta de los trabajos de Silverio Pérez, nuestro humortivador con nombre de torero, que viene matando el miedo desde distintas trincheras: el miedo al dolor, desde su música (cómo olvidar aquella canción del mismo título, de Rucco Gandía, que cantaba con Roxana, y que decía: "Cuando es duro el momento / y hay tanto que responder / cuando me siento cayendo / y está en juego mi querer / tú siempre me dejas ver / hacia dónde sopla el viento…" y tantas otras cantadas junto a Tony Croatto, Irvin García, Josy Latorre y Nano Cabrera en "Haciendo punto en otro son"); el miedo a la alegría, desde sus shows televisivos y radiales; el miedo a la descolonización, desde su trabajo como comediante / cantor / guitarrista / compositor en los famosos "Rayos Gamma", codo con codo con Jacobo Morales, Sunshine Logroño y Horacio Olivo, cuya sátira musical y política aún hace nuestras delicias; y el miedo a la autonomía sustentable de nuestra psique individual, desde sus charlas y sus libros *Humortivación*, *Más humortivación*, *Tres tristes tribus*, *Domesticando tu dinosaurio* y el más reciente, *Desde mi grúa*, segundo libro de la serie *El humor nuestro de cada día*.

Cuánto le debemos. Sin guille ni de sicólogo ni de sociólogo, Silverio nos da servicios (casi todos gratuitos, por cierto), como si tales fuera, apostando a la fe, tanto individual como colectiva, a partir de la risa; también a partir de una sensatez a prueba de bala. Hace años —y él lo sabe— guardo como oro en paño uno de sus ensayos de *El Nuevo Día* ("Limones y limonada", del 27 de mayo del 2003), porque nos da una lección imprescindible sobre la inteligencia emocional, ésa que nos enseña que cada acto tiene consecuencias que tendremos que enfrentar, y que esquiva a tantos que ostentan en grado superlativo la otra inteligencia, la cerebral, que cuando anda suelta por sus fueros prescindiendo de la compañía de la otra, resulta más fría que una cerveza.

Silverio es nuestra conciencia social de andar por casa, conciencia social desnuda de solemnidad y festivamente disfrazada de chacota para los ciudadanos de a pie, que somos todos una vez despojados de la vanidad. Con la alegría de la guayafita (nuestro producto nacional de mayor consumo) nos seduce. Porque el regaño no le va a Silverio. La fe lo motiva y lo que quiere es abrirnos los ojos, sacarnos del *denial* permanente en que chapoteamos como nación (*denial which is not a river in Egypt*, como decía nuestra inolvidable Roselén, ¿te acuerdas, Silverio?), y responsabilizarnos de nuestras decisiones, para que nos atrevamos, de una vez por todas, a ser felices, aunque sea en la medida precaria, chiquita —a veces de cuentagotas, pero no por ello menos anhelada— en que se brinda a dosis la furtiva felicidad humana. Y, sobre todo, a ser libres.

Su misión es, pues, la de vigía, y como tal Silverio se ha encaramado a una grúa, emulando simbólicamente la valentía heroica del mítico Tito Kayak, en su histórica gesta de defender el Fuerte de San Gerónimo de los piratas de la posmodernidad. Tal vez, también parodiando a doña Miriam, quien se subió a un poste para ondear la bandera norteamericana; uno nunca sabe. La cuestión es que la grúa resulta un palco de alto riesgo, pero decididamente el mejor, para contemplar la realidad y asistir a "otra función donde la colonia se vuelve a desenmascarar".

Desde mi grúa contiene una selección de los ensayos publicados por Silverio en *El Nuevo Día*, desde agosto de 2005 hasta marzo de 2008, con una introducción un poco más reciente, de abril, que lleva el mismo título que el libro. Pese a su diversidad temática, el hilo conductor de los ensayos es el tema nacional —que es lo mismo que decir el tema colonial— a partir de una serie de anécdotas: algunas inventadas, y las más enloquecidas, servidas en bandeja por la Señora Realidad en su versión portorra. La crítica de nuestro autor es amplia y no sólo cruza partidos, sino el ancho mar que nos separa del Imperio del Norte. En este libro sus objetivos son, entre otros, el partidismo de *las tres tristes tribus*; los métodos fracasados para combatir las drogas y el crimen; el infame homenaje de la Cámara de Representantes al gran amigo de Alejo Maldonado y principal sospechoso de la muerte de Carlos Muñiz Varela, el cubano Julito Labatut; la *concretización* de nuestras costas para el beneficio de desarrollistas inescrupulosos y al precio criminal de la ausencia del mar en una isla; la masacre legislativa del proyecto de la unicameralidad; la crueldad contra los animales, que lo mueve a admitir que "en las corridas de toros siempre voy al toro. En las peleas de gallo, por más folclóricas que sean, me gustaría que arrestaran a los que ponen a pelear a esas aves"; la inmunidad perenne de Rosselló en el caso de la pensión Cadillac; la guerra en Iraq, en la que Bush gasta 36 billones de dólares en tres meses, el mismo tiempo en que, según las Naciones Unidas, con menos dinero —28 billones— se podrían cubrir las necesidades mundiales de nutrición, agua potable, salud y educación. Todos ellos, están ligados al tema principal del libro, el de la colonia como "estado permanente de indignidad".

La crítica constructiva —distinta y distante de la que nace de la amargura— dibuja en estos ensayos la esperanza de un Puerto Rico mejor. El optimismo del libro se hace explícito en la celebración de la mirada de futuro del Ché, que nos reta desde una fotografía que cuarenta años después de su muerte sigue dándole la vuelta al mundo; de la capacidad de Obama para inspirar a tantos millones de estadounidenses a apostar por lo que Neruda llamara en su momento *la paz, la errante rosa perseguida*.

El humor protagoniza el libro, y ni su mismo autor puede escapar de él, lo que se hace evidente en la autoparodia que lo emparenta con Aníbal Acevedo Vilá: "gracias al gobernador he aprendido que tener cara de pendejo bien administrada es una gran ventaja". Humor manifiesto en la carta de Cristóbal Colón a su paladín, el Amolao; en nombrar a Alejandro García Padilla como *el Dacolín colorado*, a Juanma García Passalaqcua como *el dios del Olimpo politológico del País* y a los colaboradores del programa de Radio Isla "Fuego Cruzado" (Ignacio Rivera, Carlos Gallisá y Néstor Duprey) como sustitutos de Los Tres Villalobos en su corazón de niño; en inventar un *hit parade* portorro coronado por la canción "Paseo Caribe", de Orlando Parga; en llamar el lujoso retrete de la oficina de la senadora del PNP Lourdes Ramos como *el baño de la pequeña Lulú*; en imaginar la gran fuga de Aníbal ante el arresto por parte de los federales, bajando por las murallas de la Fortaleza, cruzando en kayak la bahía hasta llegar a Isla de Cabras, donde lo espera Willie Miranda Marín en una camioneta, presto a llevárselo a la clandestinidad... También se muestra divertidísimo el humor en monólogos y diálogos. Oigamos a un periodista dominicano (inventado, desde luego) decir: "Oh, pero yo no entiendo esa vaina. Si los habitantes de una colonia se integran al poder colonizador entonces se han graduado de colonizados. O sea, que un estadista es un colonizado con diploma". O el diálogo entre Bush y Fortuño. Ante una llamada inesperada de aquél, Fortuño no puede creer que se trata del presidente de los Estados Unidos, por lo que le pide una señal que dé fe de su identidad. La contestación de Bush terminó para siempre con las dudas de su interlocutor: "Eh…este…hum… la verdad es que no se me ocurre nada".

El ensayo introductorio, "Desde mi grúa", mueve a la carcajada, aunque también a la reflexión. Se trata de una alegoría nacional que traduce, invirtiéndolo, el título del film de 1981 *Clash of the Titans* (adaptación del mito en que Perseo salva a Andrómeda de las garras de Medusa, con Laurence Olivier, Maggie Smith y Claire Bloom). La versión boricua, contemporánea, del mito no es otra que *la rebelión de los mongos*. El humor de Silverio muestra aquí su lado incisivo, cuando, a partir de la tipología de Hipócrates sobre los humores que determinan el comportamiento humano (sanguíneo: emocional, festivo; flemático: conciliador, pacífico, callado; colérico: fuerte, controlador; melancólico: perfeccionista, analítico), echa un vistazo histórico a nuestros líderes. También al pueblo de Puerto Rico, que resulta tanto sanguíneo (bullanguero y sentimental) como flemático (evitamos tomar grandes decisiones, sobre todo, la del estatus). Como corresponde, hemos abolido escoger como pareja —es decir, como gobernadores— lo opuesto a nuestra personalidad. La pugna histórica entre *mongos* (flemáticos) y *jodones* (coléricos) ha dado la ventaja a los líderes fuertes, caciques con ropaje democrático: Luis Muñoz Marín, Roberto Sánchez Vilella, Rafael Hernández Colón, Carlos Romero Barceló, Sila María Calderón y Pedro Rosselló. El autor hace algunas precisiones: Hernández Colón es *colérico-melancólico*, Romero *colérico-sanguíneo* y Rosselló, *colérico-colérico-bipolárico*. De los líderes flemáticos, sólo uno llegó a la gobernación: Luis A. Ferré. Perdieron la batalla Hernán Padilla, Baltasar Corrada del Río, Melo Muñoz, Héctor Luis Acevedo y Carlos Pesquera.

Pero la historia, siempre inédita, nos ha deparado una sorpresa. "Del cambio de mentalidad machista en el año 2000 (la elección de Sila) transitamos hacia *la rebelión de los mongos* en el 2004. Pesquera perdió la primaria contra Rosselló, pero lo dejó mal herido. El *mongo* de Aníbal se enfrentó a la *colérica* Sila, quien lo había ignorado a la hora de escoger a quien la sustituyera, cuando decidió no postularse otra vez en aras del amor. Escogió a José Alfredo Hernández Mayoral, pero al aquél renunciar, Aníbal se enfrentó a Rosselló y ganó. Tildado de *FM* (flojo y mongo), hizo suyo el epíteto que le impusiera Rosselló —*el alacrán*— y se convirtió en el primer flemático en ganar unas elecciones en Puerto Rico. Los coléricos —Romero y Rosselló— no aceptaron la derrota. Pero la rebelión de los mongos siguió avanzando, con la candidatura de Fortuño como gobernador. Por primera vez en la historia patria dos flemáticos se oponían para la gobernación, con compañeros de papeleta más flemáticos aún: Alfredo Salazar y Pedro Pierluisi.

Y en eso llegó Fidel. Se acabó la diversión, llegó el Comandante y mandó a parar. O como dice Silverio, el lobo. O la loba, esta vez en la persona de la fiscal federal Rosa Emilia Rodríguez. "Una ola de indignación empezó a tomar forma en la tarde del 27 de marzo y fue mucho más allá de las huestes populares". El título del pliego acusatorio leía: "El Gobierno de los Estados Unidos vs. Aníbal Acevedo Vilá". Es decir, "el imperio vs. la colonia". De lo que no es difícil inferir que sobre la rebelión de los mongos, la historia tendrá la última palabra. Puntualiza Silverio: "Aníbal será juzgado en un tribunal que no es de aquí, en un idioma que no es su idioma, por unos fiscales que fueron nombrados por otro sistema y, de salir culpable, iría a cárceles que no son las nuestras. ¿Hará falta más evidencia para que el más incauto entienda que esto es una vil colonia?". Y nos damos el lujo de estrenar asombro. Desde la grúa se percibe claramente que por flemáticos, subestimamos la prepotencia del poder colonial y olvidamos la Masacre de Ponce, las torturas carcelarias a Albizu, la colaboración del FBI en los asesinatos de dos jóvenes independentistas en el Cerro Maravilla, los bombardeos de la Marina en Vieques y en Culebra, el encubrimiento de los asesinatos de Santiago Mari Pesquera y Carlos Muñiz Varela, el reciente asesinato de Filiberto Ojeda Ríos, la agresión de agentes del FBI contra periodistas con macanazos y gas pimienta. La lucidez mueve a Silverio a recordarnos que cobra vigencia, ahora más que nunca, la pregunta que nos hace Betances desde 1898: "¿Qué hacen los puertorriqueños que no se rebelan?"

También a insistir en que el cambio es la orden del día. A través de la alegoría del ratón que se come el queso ajeno, y mirando desde una perspectiva internacional nuestro dilema de colonia, a la que ya se le agotaron las supuestas ventajas del Estado Libre Asociado, Silverio afirma: "Mientras nosotros lloramos porque el queso se nos acabó, otros ratoncitos de gran olfato —como Singapur y Eslovenia, países con circuns-tancias parecidas a las de Puerto Rico— , se están comiendo un rico queso que aprendieron a fabricar con iniciativa y sin miedo".

Sin miedo. De eso trata la risa que hoy compartimos al leer las páginas del libro que tenemos en las manos. Gracias, Silverio. Tomamos nota de tu lección.

Mercedes López-Baralt
Universidad de Puerto Rico

DESDE MI GRÚA

DESDE MI GRÚA

¡Qué difícil ha sido subirme a esta grúa! Aún con el entrenamiento que me dio Tito Kayac el susto no se me quita. Me domina la fobia que le tengo a las alturas desde el día que me agarró un ventarrón en el cogollo de un árbol de pana al que trataba de cogerle una que estaba lista para cocinarse. Yo tendría siete años. Por un largo rato estuve aterrorizado, imaginándome caer como aquellas panas maduras que al dar contra el suelo estallaban en una melcocha amarillenta. Por eso no me gusta subir a lugares altos. Pero esta vez lo tenía que hacer. En la calle, el País se siente sombrío, se ve confuso, se escucha pesimista; sólo falta que del mar salgan los rabojuncos para presagiarnos que un poderoso huracán está a punto de azotarnos. Así que para escribir esta parte de mi segundo libro de la serie *El humor nuestro de cada día*, me tenía que trepar acá, donde pudiera ver las cosas desde otra perspectiva, con un poco de mayor claridad.

Tito me dijo la hora exacta de la madrugada en la que los guardias de seguridad se van diez-siete, o sea, que caen en los brazos de Morfeo, se duermen hasta babearse, pero aun así, el dominicano que cuida la grúa principal en Paseo Caribe, por temor a que Tito vuelva a sus andanzas, no pega los ojos a fuerza de café negro; y me detuvo. Gracias al Gobernador he aprendido que tener cara de pendejo bien administrada es una gran ventaja. Así que puse en acción la que me ha funcionado por seis décadas y le expliqué al guachimán que no me pensaba suicidar y mucho menos exigirle a alguna ex esposa que me deje ver a mis hijos, que sólo quería inspirarme para un próximo libro. Luego de hacerme prometer que el colombiano Arturo Madero, desarrollador del polémico proyecto al que estaba entrando, no se iba a enterar, me dejó subir.

La respiración se me aceleraba con cada escalón que subía por la escalera interna, metálica y fría, de esta enorme grúa y me recordó lo poco que disfruté en la Torre Eiffel cuando fui a París en una ocasión. ¿Si juntáramos las grúas de todos los desarrolladores que "concretizan" nuestra isla, no podríamos hacer nuestra propia Torre Eiffel y convertirla en un extraordinario atractivo turístico? Tal vez se podría colocar al lado de la monumental estatua que El Amolao, ex alcalde de Cataño, le quería hacer a Cristóbal Colón. Sería mucho más interesante que los adefesios que se están construyendo en lo que pudo haber sido el gran Malecón de San Juan.

La temperatura iba bajando y el viento aumentando mientras continuaba mi ascenso. ¡Qué pantalones hay que tener para protestar a estas alturas! No en balde el alguacil que intentó emplazar a Tito, en una de sus muchas manifestaciones pro ambiente, optó por dejar caer el documento y bajar más rápido que ligero cuando éste empezó a mover la grúa balanceándose. Poco después llegaron a arrestarlo los cuerpos atiborrados de esteroides de la Fuerza de Choque, sólo para protagonizar un patético capítulo similar a los de la película *Police Academy*. Tito bajó en pocos minutos hasta el mar por una soga que amarró en la punta de la grúa, a doscientos pies de altura. Recordar la imagen que vi en televisión me da un corrientazo frío que me recorre la columna vertebral. Abajo lo esperaba un kayac rojo que le trajeron los del grupo ambiental Amigos del Mar. Los esteroandroides policíacos, montados en motoras acuáticas, a toda velocidad hacían círculos a su alrededor para crear una turbulencia que le hiciera caer. Tito maniobró entre ellos y desapareció velozmente por detrás del petrificado perro de San Gerónimo.

25

Cuando llegué a la plataforma intermedia de la grúa, ya comenzaba lentamente a clarear el día. Lejos de tranquilizarme me aumentó la fobia. En la oscuridad tenía menos consciencia de cuán alto estaba. El Capitolio, la Alcaldía de San Juan y la Fortaleza iban poco a poco, allá lejos, emergiendo de las sombras. Sentí un pequeño mareo. Cuando me recuperé, vi que en un poste frente al Parque Sixto Escobar aún quedaban carteles de aquella pasquinada que se hizo en San Juan previo a las primarias: Fortuño Mamao. Así leían. ¡Qué irónico! Los que ordenaron hacerla, ahora se ven, bien mamaos, al lado de Fortuño llamándole "Señor Presidente". Así es la política.

Ese triunfo de Luis Fortuño en las pasadas elecciones internas dentro del Partido Nuevo Progresista me provocó un viaje teórico, histórico e histérico que me hacía olvidar el vaivén de la estructura, que aumentaba mientras más alto subía. Pensaba y subía, subía y pensaba. Me parecía raro que un flemático se ganara a un colérico pues, por lo general, en la política puertorriqueña, los jodones se ganan a los mamaos. Entiéndase por jodón, el político con estilo de personalidad que Hipócrates definió como controladora. Estos, cuando no controlan su irracionalidad, ese "dinosaurio" al que me referí en uno de mis libros de motivación, pueden ser muy abrasivos, coléricos, rudos, obsesivos, impacientes, competidores, intolerantes, arrogantes y dictadores. Esos líderes fuertes, caciques con ropaje democrático, han dominado en todos los partidos políticos y han ganado la mayoría de las elecciones en nuestro país, sobre todo en la era pos Luis Muñoz Marín, que es de la que puedo hablar con cierto conocimiento directo. Pertenecen a esa galería selecta de gobernadores controladores, aparte de Muñoz y Roberto Sánchez Vilella, Rafael Hernández Colón, Carlos Romero Barceló, Sila María Calderón y el abanderado de esa delegación, Pedro Rosselló.

Los contrarios al político jodón o controlador han sido los mismos que los coléricos insisten en llamar mamaos, mongos y flojos. Estos son quienes, según Hipócrates, tienen una personalidad flemática o conciliadora. Suelen ser introvertidos, callados, observadores, amigables y pacíficos, evitan los conflictos y no son muy emotivos al defender sus ideas. Una larga lista de flemáticos han intentado, pero no han logrado, llegar a la gobernación. Son ellos: Hernán Padilla, Baltasar Corrada del Río, Melo Muñoz, Héctor Luis Acevedo y Carlos Pesquera.

Hay otros dos estilos de personalidad que también Hipócrates presenta en su famoso cuadrángulo: los sanguíneos y los melancólicos. Los primeros son emotivos, apasionados, extrovertidos, creativos, habladores y temperamentales. Los segundos suelen ser analíticos, perfeccionistas, rígidos e introvertidos. Los seres humanos no respondemos a un manual de comportamiento. Realmente somos combinaciones, en distintas proporciones, de esos cuatro estilos. Rafael Hernández Colón es colérico-analítico, como Sila Calderón, mientras que Carlos Romero Barceló es colérico-sanguíneo. Pedro Rosselló es… colérico-colérico-bipolárico.

Los puertorriqueños somos, como pueblo, sanguíneos-flemáticos, esto es, emocionales y bullangueros, pero evitamos

26

tomar grandes decisiones. A quién se le puede ocurrir montar una tarima con orquestas de salsa frente al Departamento de Hacienda el último día de entregar las planillas, sino a quien de antemano sabe que a este pueblo sanguíneo se le olvidarán las penas de los impuestos tan pronto oiga la clave y se ponga a bailar. Porque somos sanguíneos, la noche en que llega un huracán, llamamos por teléfono a nuestros familiares, como si fuera una despedida de año, y les preguntamos dónde lo van a esperar, para invitarlos a que vengan a nuestra casa ya que hay ron y cervezas para pasarlo bien mientras el ciclón azota. Por sanguíneos hablamos con las manos y aplaudimos cuando aterriza un avión.

Por la parte flemática, posponemos a más no poder el resolver los asuntos importantes, como, por ejemplo, el del estatus. Nada, sólo llevamos 110 años sin acabar de resolver ese problema. En décadas recientes, dos distintos gobernadores coléricos han tratado de cambiar la Constitución y el pueblo flemático les ha votado en contra. Por eso vamos a las elecciones más por emoción que por reflexión y, a la hora de la verdad, evitamos los cambios dramáticos.

Como pareja, casi siempre escogemos lo opuesto a nuestra personalidad. En política, escogemos a gobernantes opuestos a nuestro estilo sanguíneo-flemático, o sea, a los coléricos-melancólicos. La única excepción, hasta el año 2004, había sido la elección, en 1968, del fundador del PNP, don Luis A. Ferré, de carácter amable y promotor de las artes. Pero esa fue una elección atípica. El Partido Popular se había dividido para esas elecciones con el Partido del Pueblo que había fundado don Roberto Sánchez Vilella, un colérico-melancólico que se negó a someterse a los criterios del controlador mayor, don Luis Muñoz Marín. El Vate había impuesto de candidato al sabaneño, Luis

27

Negrón López, a quien le decían El Jíbaro. Tenía cara de buena gente, o sea, flemático, y como tal, perdió. La derrota no fue gracias a su oponente también flemático, don Luis A. Ferré, sino a la acción divisoria del colérico Sánchez. Los coléricos cuando no pueden jugar, se llevan el bate y la bola y de esa forma siguen controlando el juego. Años después, Pedro Rosselló, se encargó de revivir esa tradición. En 1972, un joven colérico-melancólico, Rafael Hernández Colón, se ganó a Ferré para luego perder con uno más colérico que él, Carlos Romero Barceló, en 1976.

En 1984, el Partido Nuevo Progresista tuvo iguales consecuencias que las del PPD en 1968 debido a la fundación del Partido de la Renovación. Este surgió como resultado de la indignación del flemático Hernán Padilla tras haber sido ofendido y atropellado por el colérico Romero en una asamblea. Rafael Hernández Colón ganó esas elecciones por la torpeza colérica de Romero. Cuando un reportero de la televisión le preguntó a Romero sobre la derrota, éste dejó para récord una de las frases coléricas más célebres de la historia: "¿Qué derrota?" Los coléricos se niegan a perder, sino que lo diga quien sustituyó en Fortaleza a Hernández Colón de 1992 en adelante: Pedro Rosselló.

Después de los ocho años de la bipolárica administración de Pedro Rosselló, de obra pública faraónica en un polo y corrupción monumental en el otro, la sociedad puertorriqueña evidenció un cambio de mentalidad en su machismo tradicional y eligió, en los albores del nuevo milenio, a la primera mujer gobernadora. Sila María Calderón era una mujer fuerte, colérica-sanguínea, lo cual hacía menos dramática la transición de la mentalidad machista. Eso no sucedió cuando la introvertida Melo Muñoz lo intentó en 1992. Aunque para ser justos con ella hay que reconocer que en aquel año, el colérico Rafael, después de ser derrotado en su intento de cambiar la Constitución, también se llevó el bate y la bola y no ayudó en la campaña a la hija del Vate.

El contrincante de Sila fue el flemático Carlos Pesquera. Pero antes, la ex alcaldesa de San Juan tuvo que librar una batalla entre coléricos. Ella había escogido de pareja de papeleta, entiéndase candidato a Comisionado Residente, al flemático-analítico Aníbal Acevedo Vilá. Las mujeres coléricas en general, y por razones obvias, hacen pareja con hombres flemáticos. Pero desde Ponce, el colérico Rafael entendió que era su hijo —al que estaba preparando para ser gobernador— el candidato ideal para la comisaría y retó la decisión de la candidata a la gobernación. A los coléricos les encanta que los reten para probar que pueden aplastar a quien osa hacerlo. Sila se tiró de pecho a favor de Aníbal y le ganó en primarias al colérico señorial. Esto le sirvió de entrenamiento para luego ganarse al flemático Pesquera en las elecciones del año 2000.

Del cambio de mentalidad machista en el año 2000 transitamos a la rebelión de los mongos en 2004. Carlos Pesquera no se dejó intimidar por el regreso de Pedro Rosselló quien insistía en volver para reivindicar su nombre manchado por los cuarenta funcionarios de su administración que estaban encarcelados. Y lo enfrentó en una primaria. Perdió, pero dejó al colérico mal herido. Por su parte, el mongo de Aníbal también se le enfrentó a la colérica Sila. Esta lo ignoró a la hora de seleccionar quien la sustituiría cuando decidió que no iba a ser candidata para las elecciones de 2004, pues había encontrado al amor de su vida. José Alfredo Hernández Mayoral, que había perdido con Aníbal en la lucha primarista para Comisionado Residente, fue presentado por la gobernadora Calderón como su elegido. Aníbal quedó relegado y humillado. Poco después, José Alfredo renunció a ser candidato por la enfermedad de un hijo y Aníbal, con su guardia monga, se agenció la nominación. Se enfrentaban nuevamente, en la política puertorriqueña, un flemático y un colérico: Aníbal versus Rosselló.

En el primer debate de los candidatos a la gobernación, Rosselló cometió un error que le costó la elección. Hasta ese momento, Aníbal Acevedo Vilá, flemático-melancólico, lógicamente cargaba con el mote de ser un candidato FM, flojo y mongo. El Comisionado Residente sabía que tenía que tratar de quitarse ese calificativo de encima y se mostró agresivo desde el principio del debate. Los seres humanos somos capaces de rediseñar nuestra personalidad cuando visceralmente deseamos algo. Rosselló, en un momento acalorado, dijo que Aníbal era como un alacrán ponzoñoso. Para la gente fue una revelación. Muchos creían que el candidato popular era un pendejo y de pronto el colérico mayor lo bautizaba como un animal temible, peligroso, colérico. ¡Un alacrán! Y Aníbal se convirtió en un alacrán que aguijoneó al colérico durante todo el debate y luego durante la campaña. Finalmente se convirtió en el primer flemático en ganar inequívocamente unas elecciones en Puerto Rico.

Colérico al fin, y emulando a su maestro Carlos Romero Barceló, Rosselló dijo: ¿Qué derrota? Y hasta el día de hoy no ha aceptado que perdió. Intentó entonces gobernar desde la silla presidencial del Senado, en que su partido tenía mayoría, pero otro flemático se lo impidió: Kenneth McClintock. A los coléricos las derrotas los excitan. Quieren demostrar que es imposible que puedan ser derrotados y ganar se convierte en una obsesión. Las obsesiones casi siempre terminan mal. Rosselló, que no pudo con el flemático presidente del Senado, quiso volver a correr para la gobernación, pero le salió al paso el tercer mosquetero de la rebelión de los mongos: Luis Fortuño. Ya Luis había derrotado y mandado al retiro político a Carlos Romero Barceló cuando compitieron por la candidatura para Comisionado Residente. Los rossellistas, fanáticos del caudillo colérico, se encargaron de demonizar a Fortuño. Como respuesta, este llegó a decir que Rosselló era un cáncer para el PNP. Flemático al fin, luego se disculpó por lo que dijo. Finalmente Fortuño ganó la primaria en proporción de sesenta a cuarenta. ¡La rebelión de los mongos se había completado! Ahora el escenario estaba listo para la confrontación, por primera vez en la historia de Puerto Rico de dos flemáticos: Aníbal versus Fortuño. Como para dejar total y absolutamente establecido que la insubordinación flemática había llegado para quedarse, Aníbal y Fortuño escogieron compañeros de papeleta más flemáticos que ellos: Alfredo Salazar y Pedro Pierluisi, respectivamente.

Como si hubiera esperado la señal para finalizar de mis elucubraciones teóricas sobre los estilos de personalidad, se escuchó una sirena cortando la quietud de la mañana. Miré hacia donde provenía el sonido y me volví a marear. Estaba ya en el tope de la grúa y no me había dado cuenta. Pero el mareo era como un presentimiento de que algo fuera de lo normal estaba sucediendo. Respiré profundo y busqué la droga tranquilizante en la pequeña mochila que había traído. Era una pequeña radio que siempre está sintonizada en la banda AM. Reconozco que, como tantos en este país, estoy adicto a esa banda. Esto me ha traído problemas con mi esposa que tan pronto se sube al auto me cambia la radio a FM. A veces es condescendiente y me la deja un ratito en el programa del licenciado Luis Pabón Roca, que es su preferido, pero se enoja si mientras ella me cuenta algo importante que le ha sucedido durante el día yo, de pronto, le hago señas para que pause y acerco mi oído a la radio para no perderme la llamada de una tal doña Julia que quiere opinar sobre algo que no tengo claro qué es.

Por eso me compré una pequeña radio de baterías que cargo para todos lados. La busqué desesperadamente en el fondo de la mochila sin quitarle los ojos a la camioneta que tomó peligrosamente, a gran velocidad, la curva frente a Paseo Caribe, donde los desarrollistas se quedaron con un gran pedazo de la carretera. Cuando dobló frente al Hotel Normandie pude ver que era una unidad remoto de televisión. Agarré la radio. Mis dedos, ya entrenados por la costumbre, fueron directo al botón de encendido. Así hago cuando estoy caminando en el Jardín Botánico de Caguas o cuando estoy en una reunión aburrida y disimulo que llevo puestos los audífonos poniéndome las manos en los oídos, como si estuviera concentrado en lo que se está discutiendo. La voz de Luis Penchi, que esta vez sonaba ansiosa, ya me es tan familiar como el café mañanero.

La AM-adicción casi siempre se me activa a eso de las nueve de la mañana cuando salto desesperado de una estación a otra. Cuando me aburre Rony Jarabo en WKAQ paso por el programa de los Blanco Pi en WAPA para disfrutarme el *exilium tremens* convertido en militancia estadista, pero, de inmediato, me preocupa que Julio Muriente, en Radio Isla, esté haciendo uno de sus análisis brillantes y corro hacia allá, pasándole por encima a AM 81, —antes KVM, la estación de las fregonas. Me llevo por el medio a Allegro 93, con su música clásica, evado WOSO con su programación en inglés y aterrizo en el 1320, justo en el momento en que el profesor José Arsenio Torres le dice a Muriente que una cosa es la teoría y otra, la realidad. ¡Yo quería escuchar la teoría! Viro para KQ, el acento andaluz de Millie Gil, la de Central Coloso en Mayagüez, la que bautizó a sus analistas como contertulios; me arrebata. Sigo de rolimpín con Rubén Sánchez a las diez, pero lo hago en contra canto con Inés Quiles, en el 1320. Su pasión me gusta más que la aparente neutralidad de la ex mujer noticia Carmen Jovet; en WUNO.

A las once siento que por los pequeños orificios de la bocinita de mi radio sale el olor a azufre que brota de los belfos de Adolfo Krans en WKAQ cuando se venga una y otra vez de su salida de Radio Isla. A las doce, los AM-adictos nos damos una sobredosis que nos puede costar la vida. Planificamos la vida para que no haya citas médicas, reuniones y mucho menos un almuerzo de negocios, sin importar cuánta importancia puedan tener, pues llega Juanma Passalaqcua, el dios del Olimpo politológico del País. ¿Qué le dijeron en la última llamada que recibió de sus contactos de alto nivel en Washington? ¿Cuál es la fecha en que "el americano" dispondrá del territorio? ¿A quién, que se atreva cuestionarles sus planteamientos, mandará para las ventas del carajo ante el silencio ruborizado de Julio Rivera Saniel? Hay veces que me quedo en el carro a la una y treinta de la tarde, justo a la entrada del canal donde grabo mi programa, pues no puedo despegarme de "la escuelita electoral" de Juanma. Tengo una mejor asistencia a esa escuelita que cuando iba a la elemental José de Diego, del Barrio Mamey de Guaynabo.

Después de Pabón Roca a las dos, los AM-adictos caemos en un aletargamiento, producto del efecto de los cantazos que nos hemos dado hasta esa hora —trabajamos un poco, contestamos llamadas atrasadas, entramos al correo electrónico que ya tiene decenas de mensajes no atendidos— y revivimos con nuevos bríos a las cinco de la tarde con Fuego Cruzado. Ignacio Rivera, Carlos Gallisá y Néstor Duprey han sustituido lo que en mi infancia fueron Los Tres Villalobos. Ya a esa temprana edad daba indicios de mi AM-dependecia posterior. A veces le pego cuernos a los Villalobos de Radio Isla con el Panel de David Noriega, en WKAQ; hasta que Richi Santini, uno de los panelistas, me manda a buscar el documento al que hace referencia en www.

laevidencia.com. Esos ratitos que me pierdo Fuego Cruzado los repongo, con la fidelidad de un graduando que perdió un examen, a las diez de la noche cuando repiten el programa. En la repetición me divierto repasando mentalmente por dónde iba en el carro cuando Duprey decía la frase que en este momento vuelve a decir. Cuando se termina Fuego Cruzado mi mente ya ha acumulado sobre quince horas de análisis de las mismas noticias que se difundieron desde las seis de la mañana.

34

La señal de mi pequeña radio se fue momentáneamente y regresó justo en el momento en que otras dos camionetas con unidades de transmisión en remoto competían por tomar la delantera en la curva peligrosa. Sólo me tomó veinte segundos para percatarme de que se estaba transmitiendo un momento histórico: ¡El gobernador Aníbal Acevedo Vilá había sido acusado por los federales!

Quedé en silencio. No pensé que los federales llegaran a tanto. El gobernador también lo debe haber pensado. ¡Qué ilusos hemos sido todos al subestimar la prepotencia del poder colonial! Ahí se nos sale la parte flemática de nuestra personalidad de pueblo. ¿Se nos olvidó la Masacre de Ponce, las torturas con radiación en la cárcel a don Pedro Albizu Campos, la colaboración del FBI en los asesinatos de los jóvenes independentistas en el Cerro Maravilla, los bombardeos de la Marina en Vieques y Culebra, el encubrimiento de los asesinatos de Santiago Mari Pesquera y Carlos Muñiz Varela, el reciente asesinato de Filiberto Ojeda, la agresión con macanazos y gas pimienta contra periodistas? ¡Qué muchas cosas se nos olvidan!

Las sirenas anuncian el comienzo de otra función donde la colonia se vuelve a desnudar. Desde acá arriba, desde mi grúa, ya todo se ve con mayor claridad. ¡Y la cosa está peor de lo que se percibe en la calle! Es hora de reflexionar y de actuar.

VOTO Y PERSONALIDAD

- Al momento de votar, si usted es *analítico*, no pretenda reflexionar sobre los pasados cuatro años dentro de la caseta. ¡Hay gente afuera esperando!

- Si es *colérico* evite darle instrucciones a la gente de cómo debe votar, eso lo tenía que hacer desde una tribuna varios días antes.

- Si es *flemático*, le felicito, por lo menos se enteró de qué día eran las elecciones.

- Y, si es *sanguíneo*, evite gritar consignas a favor de los candidatos por los que votó al salir del colegio electoral. Otros *sanguíneos* como usted, favorecedores de otros candidatos, le podrían mentar el nombre de su progenitora.

Año 2005

Nos movieron el queso

El cuento de Spencer Johnson *¿Quién se ha llevado mi queso?* da la impresión de que fue inspirado por el Puerto Rico de hoy. El rico queso al que estábamos acostumbrados nos lo movieron y otros se lo están comiendo. La corta narración parece ser una metáfora de lo que le está pasando a nuestro bendito país.

Según el cuento, los ratoncitos Oliendo y Corriendo vivían felices en su laberinto el cual recorrían cada mañana hasta dar con el queso que los sustentaba. Convivían en el laberinto con dos criaturitas humanas, Kif y Kof, quienes no tenían el olfato de los dos ratoncitos, pero eran capaces de encontrar su queso guiados por su capacidad de pensar. El queso era tan abundante, que Kif y Kof construyeron su vida social alrededor del lugar donde aquel se encontraba y vivían felices y conformes. Pero un buen día, el queso se acabó. Los ratoncitos, de inmediato, se movieron por el laberinto para buscar con su olfato el queso donde apareciera. Kif y Kof, por el contrario, se quedaron pensando, analizando y quejándose de lo injusto que era que ya no tuvieran queso. Todos los días volvían al mismo lugar a ver si se daba el milagro de que el queso apareciera, pero no aparecía. Kif y Kof estaban tan frustrados que se culpaban de lo que había pasado. Kif no quería moverse a buscar el queso en otro lado pues estaba más cómodo en su incomodidad, que prefería "malo conocido que bueno por conocer". Pero cuando ya casi se muere de hambre, Kof decidió aventurarse. De inmediato se dio cuenta de que si uno no cambia se extingue y que es el miedo lo que nos paraliza y nos hace evitar el cambio. Así que Kof dijo: ¡Sin Miedo! y se lanzó en la búsqueda de su queso. Poco a poco fue encontrando pedacitos de queso que alguien había dejado y esto le dio fuerzas para seguir. Kof se percató de que mientras había tenido miedo al cambio, se había aferrado a la ilusión de un queso viejo que ya no existía. Finalmente encontró la nueva fábrica de queso de la que ya los dos ratoncitos, que se movieron inmediatamente que el cambio se dio, disfrutaban. Kif, mientras tanto, se quedó esperando que el queso regresara al lugar que ya nunca volvería.

En estos días hay muchos Kif por ahí, en los cafetines, en las esquinas, en las plazas, en los centros comerciales, en los centros de trabajo, en los hogares, en las agencias de gobierno y en la legislatura quejándose de lo rico que era el queso de antes y que ahora no lo hay o cuesta mucho conseguirlo. Hace años que el queso empezó a escasear en nuestra isla, pero los gobernantes y líderes políticos estaban en negación y no quisieron darse cuenta. Éramos la vitrina de la democracia, la quinta esencia del sistema capitalista estadounidense y "estábamos bien". Pero lo que antes funcionaba ya dejó de servir. El cambio que quisimos evitar ya llegó por cuenta propia y el que no lo reconozca, ni esté dispuesto a cambiar, se extingue.

Los estadolibristas tienen que reconocer que esto no pare más. Que pa' pichón el Estado Libre Asociado (ELA) mucho ha volao. Los estadistas que siguen pensando que la estadidad está a la vuelta de la esquina y que se puede conseguir con Pedro Rosselló presidiendo el Senado deben darse cuenta de que la colonia, que tanto han luchado por administrar, ha conducido al País a un estado de deterioro económico que ni para Estado sirve. Está loco quien crea que los Estados Unidos van a incorporar un estado pobre y dependiente. Los independentistas, a su vez, tienen que contestarse qué independencia es la que se quieren lograr ahora, en la era de la globalización y de los tratados comerciales. La nueva generación de jóvenes no ha escuchado aún una explicación clara de qué queremos decir con eso de que Puerto Rico sea libre.

41

En los partidos políticos, el cambio es la orden del día. Ninguna de las dos tribus principales tiene la fuerza suficiente para vencer a la otra sin la ayuda de cientos de miles de votantes que ya no tienen lealtades de colores. Aunque quedan muchos fanáticos que se aferran a los viejos caudillos de dos de los partidos políticos tradicionales, estos ya no representan una opción futura. Pedro Rosselló daba por sentado que iba a ganar la gobernación y perdió. Juraba que se le iba a hacer fácil obtener la presidencia del Senado y no lo ha logrado. Igualito le pasó al presidente George W. Bush. Creía que Iraq era un bombito al pitcher y los bombitos se le han convertido en bombazos incontrolables. Aníbal Acevedo Vilá ha querido montarse valientemente en la cresta de la ola del cambio, pero la misma filosofía económica que el ELA ha sustentado se le vierte en contra. Los tratados de libre comercio que se van dando entre países vecinos dan al traste con los supuestos beneficios exclusivos que tenía el ELA. El sistema contributivo —que se ensaña contra los que ganamos un salario a la vista de todos y trabajamos seis meses del año exclusivamente para pagar contribuciones— se desnuda ahora como uno de los que favorece los grandes intereses petroleros, los bancos, las mega tiendas, los importadores, los profesionales que disfrazan sus ganancias y los que se nutren de la economía subterránea. Según el Departamento de Hacienda sólo hay 15,000 puertorriqueños que ganan $100,000 o más al año. Tal ridiculez es un retrato dramático de lo inoperante e injusto del sistema. Los líderes obreros, por un lado, reclaman justamente que quienes más ganen más paguen, pero, por otro, protegen el gigantismo en el gobierno al oponerse a la reducción de la nómina gubernamental y defienden a brazo partido a los camioneros —que de obreros tienen lo que de amable, Tomás Rivera Schatz. Quienes han vivido dependiendo del queso de los cupones y las ayudas federales, más vale que se vayan aventurando por los laberintos de la vida a buscar otro queso. Todas estas contradicciones son indicativas, precisamente, del cambio que estamos viviendo. Mientras nosotros lloramos porque el queso se nos acabó, otros ratoncitos con gran olfato, como Singapur y Eslovenia —países con circunstancias parecidas a las de Puerto Rico—, se están comiendo un rico queso que han aprendido a fabricar con iniciativa y sin miedo.

En otros campos también el cambio nos toca. Los artistas no podemos seguir con la cantaleta de que no hay trabajo, como Kif, quejándose de que no había queso, y nos tenemos que poner a buscar el queso en otros lados o, mejor que eso, tenemos que aprender a fabricar nuestro propio queso. En la música, los que miraban el reguetón con cierto aire de desprecio deben ir aceptando que ese género llegó para quedarse. En el teatro, los defensores de lo comercial como única forma de atraer público se han quedado anonadados con el éxito de

Medea Amurallada, teatro clásico griego, al aire libre en el Morro. En el deporte, en la religión y en todos los órdenes, los patrones viejos caen y el cambio sacude a los que se niegan a aceptar que el queso se acabó.

En fin, lo único que no está cambiando es el cambio. El cambio es un hecho y si uno no está consciente de ese hecho no lo puede prever. Si uno lo prevé, entonces puede adaptarse de inmediato y controlarlo. Pero no basta con ello. Hay que cambiar con el cambio, hay que gozarse el proceso y disfrutarse la incertidumbre que trae. Es en esa incertidumbre, en esos laberintos, donde vencemos el miedo que nos ataca, donde seremos capaces de crear lo que nunca hemos creado. Y llegará el momento en que ya nos acostumbremos al cambio. Y entonces, ese será el indicio inequívoco de que ya hay otro cambio que viene.

23 de agosto de 2005, *El Nuevo Día*, San Juan, Puerto Rico

FILIBERTO HABLÓ

"Los que se atrevieron a ponerle un precio
a tus manos, a tu corazón,
no saben de historias, no saben de sueños.
Te quiero vivo y no muerto,
Hermano Filiberto".

Fragmento de una canción de Mikie Rivera

El último discurso de Filiberto Ojeda Ríos no fue el que se escuchó el pasado 23 de septiembre en los actos de conmemoración del Grito de Lares a través de una cinta magnetofónica desde el clandestinaje; fue el que dio a plena luz de ese mismo día con su acto de inmolación frente a las balas asesinas de unos agentes federales. Ciento treinta y siete años atrás, unos hombres valientes como él, también habían ofrendado su vida por el ideal de independencia frente a otro poder colonial. Él, como aquellos, con casi siglo y medio de diferencia, era guiado por una misma fuerza: el amor por la patria que les vio nacer.

Con sus actos, más que con sus palabras, Filiberto retrató crudamente la colonia. Por veinticuatro largas horas, desde que comenzó el operativo para asesinar al líder independentista, el Gobierno de Puerto Rico se tuvo que conformar con ser un observador silente de la fechoría de los federales en territorio boricua. A las 3:45 de la tarde del 23 de septiembre, se escucharon los primeros disparos en los alrededores de la casa que Ojeda Ríos ocupaba con su esposa en el barrio Jagüitas de Hormigueros. Diez horas después, Roberto Sánchez Ramos, el Secretario de Justicia de Puerto Rico sólo podía decirle al periodista Luis Penchi de Radio Isla que no sabía nada de lo que sucedía, porque los federales no le daban información. A las tres de la tarde del día 24, el gobernador Aníbal Acevedo Vilá por fin habló para denunciar la irregularidad del operativo y mostrar su indignación por la falta de información. Fueron palabras muy certeras y valientes, pero el Gobierno de Puerto Rico no pudo hacer nada hasta que los federales no se lo permitieron. Ya no debe haber un solo puertorriqueño que se atreva a asegurar, sin que se sonroje de vergüenza, que esto no es una colonia.

Filiberto, además de retratar la colonia en su último acto, retrató el imperio que la sostiene como uno torpe, insensible, prepotente y desfachatado. ¡Qué patético lucía el agente a cargo del Buró Federal de Investigaciones (FBI), Luis Fraticelli, mientras trataba de explicar lo inexplicable! Veintisiete horas le tomó dar cara ante el País. Un imperio que puede capturar vivo a Saddam Hussein en Iraq y sacarlo de un hueco en la tierra en medio de una guerra, no es capaz de sacar vivo a un anciano de 72 años que está solo en una casa. Ese anciano, enfermo del corazón pero no del alma, con una sola pistola, hizo que los veinte corpulentos agente federales se acobardaran y tuvieran que llamar a sus jefes en Washington para que les brindaran ayuda. Hasta que no llegaron refuerzos desde Virginia, a eso de las cuatro de la madrugada del día 24, no se atrevieron a entrar a la casa donde encontraron el cuerpo desangrado del luchador independentista. Antes, los federales habían dejado el sector Plan Bonito sin electricidad, habían impedido a los vecinos salir o entrar de sus casas y habían entorpecido la labor de abogados, médicos, fiscales y de la prensa en el lugar del operativo. ¡La prepotencia imperial en su máxima expresión!

Fraticelli repitió en varias ocasiones que la vida de sus agentes valía más que la del puertorriqueño blanco del operativo. Esos agentes que vemos en las series de televisión del FBI en Acción, capaces de lo imposible, estaban tan cansaditos —según Fraticelli— que no podían entrar articuladamente a la casa para ver si el ser humano que estaba allí adentro se estaba desangrando. Ese mismo FBI que montó un espectáculo de fuerza en un humilde barrio de Puerto Rico, no es capaz de movilizar ese poder contra los narcotraficantes y corruptos que campean por su respeto en el País. ¿No será que los narcotraficantes y los corruptos son producto del sistema que ellos defienden y los hombres como Filiberto Ojeda son la antítesis de éste? Fraticelli también demostró un total desconocimiento de nuestra historia cuando dijo que "don Filiberto fue el que comenzó todo esto". Se olvida que esto empezó en mayo de 1898 cuando el poder que él representa bombardeó la ciudad de San Juan y causó muerte y terror entre la población. Esto lo empezaron quienes días más tarde entraron a tiro limpio por Guánica y nos impusieron su idioma y su ciudadanía para poder enviarnos a pelear en sus guerras. Ese es el imperio que retrató Filiberto en su último discurso.

Filiberto también les habló a los independentistas. Mientras los federales rodeaban su casa y él cargaba su pistola para enfrentarse al imperio, grupos independentistas se enfrentaban entre sí por tonterías, por nimiedades, por el miedo de un grupo a que otro les quite el fondo electoral que el imperio hábilmente maneja para mantenernos entretenidos cada cuatro años. Filiberto nos recordó quién es el verdadero enemigo contra el que hay que enfilar la palabra dura, el comentario hiriente, la frase abrasiva. Aunque lo dijo en la Plaza de la Revolución en su mensaje grabado —"Ahora tenemos que luchar juntos... cada uno de nosotros en el espacio que entienda como el correcto... lo menos que podemos hacer es intentar comprendernos y respetar esos espacios... y hacerlo con el mayor respeto".— tuvo que morir para que se hiciera una pausa en el ataque entre hermanos y bajáramos la cabeza avergonzados. Queda por ver si después de su entierro continuará la división absurda o el liderato independentista podrá articular una unidad dentro de la diversidad.

También hay que escuchar el sabio consejo del hijo de Filiberto, Edgardo Ojeda, cuando pidió al pueblo que no responda al asesinato de su padre con violencia y que utilice este momento para reflexionar y convertirlo en uno de organización y concienciación. La consigna "Filiberto, camarada, tu muerte será vengada" rima y emociona, pero la venganza no le sirve a los mejores intereses de nuestro pueblo sino al interés del imperio que de esa forma nos atraparía en su violencia.

Y por último, Filiberto le habló a nuestro pueblo, a ese pueblo que se nota apesadumbrado, indignado, conmovido y triste, y que en su inmensa mayoría ni es independentista y mucho menos favorece la lucha armada como método para conseguir el triunfo de un ideal. El acto de Filiberto le llegó al corazón de nuestra gente humilde, porque este pueblo repudia el abuso y admira a los hombres y mujeres con integridad —independientemente de sus ideas—, que sean capaces de ir hasta las últimas consecuencias por lo que creen. En un país en el que todo el mundo se queja porque nadie quiere sacrificarse, donde el tumbe es el ideal de muchos, hombres como Filiberto Ojeda calan hondo, no porque apoyemos sus métodos de lucha, sino porque admiramos su congruencia ya que sus pensamientos, sentimientos y acciones van hacia una misma dirección.

Filiberto Ojeda Ríos no fue un criminal. Ninguna de sus acciones estuvo motivada por su bienestar personal sino por el ideal y la metodología en la que creía. Criminal es, ver a un hombre por una mirilla telescópica, halar el gatillo para dar justo en el punto en que su chaleco a prueba de balas no le protegía, verle por esa misma mirilla caer, dejar pasar segundos, minutos, horas donde no hay movimiento alguno en esa casa, convencerse de que el hombre se está muriendo, poco a poco, desangrándose, y esconderse en la oscuridad de la noche para esperar que así, lentamente, sin ninguna ayuda, muera. ¡Que ese crimen no quede impune! Descansa en Paz... hermano Filiberto.

27 de septiembre de 2005, *El Nuevo Día*, San Juan, Puerto Rico

UNA PROTESTA AL DESNUDO

La modelo Carla Capalli, activista contra el maltrato de animales, realizó una singular protesta la semana pasada frente al Coliseo de Puerto Rico donde se presenta el circo Ringling Brothers. Vi las imágenes en el noticiario de las once de la noche con el audio muy bajito pues trataba de dormir. La modelo, prácticamente desnuda, aparte de espantarme el sueño, me creó una gran confusión. No sabía si detener mi mirada en las cadenas que simbolizaban el maltrato al que son sometidos muchos animales en este tipo de espectáculos o en su atractivo cuerpo, trabajado, cuidado y entrenado para robarse la atención del público en una pasarela. Las heridas maquilladas artísticamente en su espalda, me hacían sentir en carne propia las huellas de los garrotazos que les pegan a esas pobres criaturas, pero la mirada sensual acompañada de ciertos gestos provocativos ante el lente de los fotoperiodistas, me despertaban el sexosaurio que todos llevamos dentro. En esa dicotomía que se me revelaba en la pantalla, de la apasionada defensora de los animales maltratados, por un lado, y, por otro, la modelo que tal vez disfrutaba de un momento de gloria largamente soñado, me rendí al sueño.

Al poco rato caí sentado a los pies de la cama del susto que me causó el aumento súbito del audio del televisor. Mi compañera quería comprobar si lo que veían sus ojos era afín a lo que narraba un reportero que parecía tan impactado como yo que me acababa de despertar. Según informaba con voz temblorosa y respiración agitada, la protesta de la Capalli había causado tanto furor que en todo el País se estaban suscitando actos de protesta similares al que había ocurrido frente al llamado Choliseo. En la Universidad de Puerto Rico, jovencitas en "gistros" rojos y blancos habían tomado la Torre, símbolo de nuestro primer centro docente, para exigir una disminución mayor en el costo de la matrícula. En Lajas, el alcalde Turín Irizarry, vestido de Cupido, se había amarrado al puente donde ya no llora el fantasma conocido como la Llorona, para reclamar más turismo interno para la Ciudad Cardenalicia. En Plaza las Américas, miles de personas salieron corriendo despavoridas cuando en un cambio de turno, el Santa Clós que entró a sustituir al anterior frente a Pennys, lo hizo cubierto por una bata negra y, de pronto, se la abrió y dejó ver su regordete desnudez ante la mirada atónita de los que esperaban para retratarse con él. Primero lanzó un grito de protesta por el maltrato contra los niños y, después, moviendo rítmicamente sus chichos, rió a más no poder de la forma que lo caracteriza.

Pero la protesta que tenía desencajado al reportero ocurría frente al Capitolio, específicamente en la Lomita de los vientos. La veterana luchadora estadista, doña Miriam Ramírez, envuelta solamente en la bandera estadounidense, amenazaba con quedarse en traje de Eva si Kenneth McClintock no le regalaba la presidencia del Senado al ex gobernador Pedro Rosselló. Esta vez, la Sociedad Civil, los grupos ecuménicos, representantes de los tres partidos políticos tradicionales, un frente unido de organizaciones sindicales y una delegación que había salido urgentemente desde Washington, presidida por Luis Fortuño, trataban de convencer a McClintock para que cediera a la petición de doña Miriam y evitarle así, un trauma colectivo al país.

Al otro día, una amiga vegetariana, a quien le conté los disparates que soñé cuando me quedé dormido mientras veía la protesta de Carla Capalli, me explicó que la pesadilla pudo haber sido el producto del exceso en el consumo de pavo durante el pasado jueves de Acción de Gracias, agudizado por el cargo de conciencia que me provocaba el ser cómplice del maltrato contra los animales. Respingué, pues si hay alguien que ama a los animales, soy yo. En las corridas de toros siempre voy al toro. En las peleas de gallo, por más folclóricas que sean, me gustaría que arrestaran a los que ponen a pelear a esas aves. En las carreras de caballos, cuando un jinete le entra a latigazos a su ejemplar, le deseo que pierda. Pero ella me explicó algunas cosas que me pararon los pelos de punta y me pusieron a comer pavonas en vez de pavo.

El mayor maltrato contra los animales se hace durante el proceso de crianza para el consumo humano. Como si esto fuera poco, el ambiente donde se lleva acabo el proceso también es maltratado seriamente. Desde 1960, alrededor del 25 por ciento del bosque lluvioso de Centro américa ha sido quemado y devastado con el propósito de crear pastizales para el ganado de carne. Se estima que cada cuatro onzas de hamburguesas hechas con carne proveniente de esa zona destruye 55 pies cuadrados del bosque lluvioso. Alrededor de mil millones de personas sufren hambre y desnutrición en el Planeta. Más de 40 millones mueren cada año por inanición y, la mayoría de ellos, son niños. A pesar de esto, más de un tercio de la cosecha mundial de granos se desvía para alimentar al ganado en vez de a las personas. En los Estados Unidos, el ganado consume el 70 por ciento de todo el grano que se produce.

Mi amiga también me trajo a la memoria las imágenes que captó la televisión hace algún tiempo, de los batazos que les daban a los pollos para matarlos cuando no servían para la venta. En la industria avícola, las gallinas son enjauladas en forma tan hacinada que en el espacio de esta página que usted está leyendo colocarían por lo menos a cuatro. Cuando niño, mi mamá me mandaba a seguir las gallinas para ver dónde ponían los huevos con los que me preparaba ponches por la mañana y tortillas por la tarde. Recuerdo que estas ponían a razón de unos cincuenta o sesenta huevos al año. Mientras que en la industria, una gallina, con todas las cosas que le meten al cuerpo, puede poner hasta 300 huevos en el mismo periodo.

No quiera usted saber cómo se castran los toros para que su carne sea más vendible. Las torturas en la época de Augusto Pinochet en Chile palidecen ante lo que son capaces de hacerles a estos animales. Es posible que después de escuchar esto, usted no vuelva a comer carne de ternera. Esa carne tiernecita es el producto de inmovilizar al animal desde pequeño para que no desarrolle músculos, se le inyectan antibióticos y hormonas para mantenerlo vivo y obligarlo a crecer, y se les mantiene en la oscuridad, excepto cuando se les da de comer.

Podríamos seguir por varias columnas describiendo los más crueles maltratos contra los animales y el ambiente, los cuales, de cierta forma, apoyamos cada vez que nos echamos a la boca desde un cotidiano sándwich de jamón de pavo hasta un jugoso churrasco. Protestamos por los elefantes del Ringling Brothers, sobre todo, si al protestar, alimentamos la pupila con una apetitosa modelo, pero de ahí a llevar la protesta a una práctica diaria de no consumir animales es otro cantar. Eso es subir a un nivel de conciencia al que muchos aún no estamos preparados. Pero la verdad es la verdad. El perrito que recogemos en la esquina no merece sufrir, pero tampoco la ternera que pasa su vida inmovilizada para que, al comérnosla, se deshaga en nuestra boca.

Sé que es un sacrilegio traer este tema ahora que el espíritu navideño nos hace cantar que "el lechón se coge, se mata y se pela, se pone en la vara y se le da candela". Pero se los tengo que dejar saber, porque lo que mi amiga vegetariana me dijo me llegó bien profundo, honestamente, más profundo que el acto de la Capalli. Claro, mi amiga no tiene el cuerpo de Carla, me habló completamente vestida y la podía atender sin desviarme a mirarle otras partes del cuerpo. Lo importante es concienciarnos, cada cual en su estilo. Los resultados hablarán por sí solos.

29 de noviembre de 2005, *El Nuevo Día*, San Juan, Puerto Rico

55

El año 2005 comenzó con la esperanza de darle al mundo una demostración de cómo esta pequeña isla del Caribe era capaz de sobreponerse a los partidismos estériles y producir un gobierno compartido para beneficio del pueblo. La asistencia de Luis Fortuño, Kenneth McClintock, Jorge Santini y otros alcaldes del Partido Nuevo Progresista (PNP) a la inauguración de Aníbal Acevedo Vilá como Gobernador alimentaba esa esperanza. El discurso del Gobernador enfatizó en la idea del gobierno compartido. Entusiasmado, el público presente se unió a los buenos augurios y entonó un cántico de paz enarbolando banderas blancas.

Un pequeño incidente que ocurrió durante los actos de inauguración fue un presagio de que, tal vez, la canción *Esperanza Inútil* era el tema indicado para aquella festividad. Un señor del corazón del rollo de la Palma llegó con un cartel en que tildaba de gobernador ilegal al recién inaugurado, y de inmediato, los del corazón del rollo de la Pava lo sacaron de allí dándole con las astas de las banderas de la paz. Esa misma actitud se reflejaría luego en las luchas entre el poder legislativo y el ejecutivo en lo referente a leyes importantes, proyectos, como el del estatus, y nombramientos de jefes de agencia.

Pero la cosa se nos complicó más allá de la lucha entre las dos grandes tribus rojas y azules. El Senado se convirtió en un cuadrilátero de lucha libre en fango, entre quienes favorecían que el derrotado candidato a la gobernación Pedro Rosselló se apoderara de la silla de la presidencia, y quienes resistían dichos intentos. La disputa produjo griterías, agresiones, conspiraciones, intentos de extorsión y otros actos que preferiríamos olvidar por vergüenza ajena. El asunto del vídeo C59, una grabación que se le hizo al senador Carlos Díaz en el estacionamiento del Capitolio que lo muestra despidiéndose de unas damas —asunto que sigue ocupando tiempo, energía y dinero del pueblo de Puerto Rico—, es la secuela más burda de esa lucha que aún no ha terminado y que tanto ha afectado a nuestro pueblo.

En Fortaleza, el gobernador Aníbal Acevedo Vilá decidió no seguir escondiendo la basura debajo de la alfombra y destapó la situación fiscal por la que realmente atraviesa la administración pública: déficit presupuestario, burocracia paralizante y una economía en lento desarrollo. Anunció impuestos, aumentos en los costos de los servicios básicos, como los de agua y energía eléctrica; aumentos en la gasolina y los peajes, entre otros; y aquí ardió Troya. Los camioneros se tiraron a la calle para reclamar aumentos en sus tarifas, los empleados de acueductos también y el caos reinó en el País. Los intentos del Gobernador para enfrentar la crisis chocaron con una legislatura dispuesta a imponer el programa de gobierno del Partido Nuevo Progrsista, principalmente desde la Cámara de Representantes, donde los nombramientos de la Secretaria de Estado y la discusión del presupuesto crearon un tranque sin precedentes. Para colmo de males, las tensiones entre el Senado de McClintock y la Cámara pro Rosselló empeoraron aún más la cosa.

Socialmente, el País también ha estado en crisis. La violencia doméstica, el descontrol en la criminalidad, el narcotráfico, el abuso contra los niños, la caída en desgracia de líderes obreros y religiosos, señalados por corrupción, y la actuación aún no aclarada del FBI en el asesinato del líder machetero Filiberto Ojeda Ríos pintaron un panorama de un año que quisiéramos borrar de nuestra memoria colectiva. Pero eso sería un gravísimo error. Lejos de olvidar este año tenemos que reflexionar, intensamente, sobre él para que aprendamos lo que no nos funciona y nos podamos encaminar a lo que sí funciona. Es obvio que los métodos que se han intentado una y otra vez, con respecto a las drogas y a la criminalidad, no han dado los resultados deseados y hay que atreverse a buscar soluciones que en otros lugares han tenido éxito aunque los fundamentalistas religiosos pongan el grito en el cielo.

Es obvio que el partidismo de las tres tristes tribus tampoco nos funciona. El pueblo envió un mensaje y no ha sido escuchado. Los tres partidos salen del año 2005 seriamente lacerados: el PIP no ha curado las heridas de las pasadas elecciones y sigue con su política de excluir, en lugar de incluir, a puertorriqueños en la lucha por la independencia. El PPD sigue temeroso de la discusión del estatus, para que no aflore su diversidad ideológica, y el PNP está en pedazos por la obsesión rossellista de aferrarse al poder y se ha empeñado en destruir la imagen de Luis Fortuño, quien es el único que podría ganarle las elecciones de 2008 a Aníbal Acevedo Vilá.

Pero el pueblo puertorriqueño tiene una gran capacidad de lucha. El ejemplo de la salida de la Marina de Vieques y el más de medio millón de personas que votaron por la unicameralidad —aunque dicho proyecto esté debajo de las sentaderas de los legisladores que no quieren soltar sus privilegios— es indicativo de que hay voluntad y poder para la recuperación. En medio del panorama, que parece sombrío, hay miles de personas que hacen trabajo voluntario en hospitales, comunidades y escuelas; hay profesores y médicos que hacen investigaciones y producen resultados que nos llenan de orgullo; hay jóvenes que se encaminan hacia futuros brillantes en la tecnología y los deportes; hay funcionarios gubernamentales abnegados y jóvenes políticos asqueados de las malas mañas de quienes les han precedido.

A pesar de los pesares, este pueblo sigue siendo alegre, emprendedor, solidario, y mira con fe hacia su futuro. El poder y la fuerza están en nosotros mismos. Y esa es la esperanza de que el año 2006 sea uno del cual nos podamos sentir orgullosos. Así nos ayude Dios.

20 de diciembre de 2005, *El Nuevo Día*, San Juan, Puerto Rico

Un Chi-Chón

Aquella mañana, cuando la gente escuchó la noticia que las estaciones de radio repetían a cada minuto y leyó el mismo titular en todos los periódicos, una ola humana se tiró a la calle con la esperanza de que alguien le dijera que era una broma de mal gusto. Pero todo el mundo tenía la misma cara de asombro, los ojos desorbitados y una pesada sensación de ira reprimida. Sólo en los restaurantes chinos de comida rápida se escuchaba la algarabía de la celebración: ¡los Estados Unidos le habían cedido el territorio de Puerto Rico a China!

Nadie, en la más loca de las fantasías, pudo imaginarse tres años antes, cuando salió aquel mamarracho sobre el estatus de Puerto Rico que preparó un comité especial designado por el presidente George W. Bush, que la única oración de dicho informe que, finalmente, el Congreso pondría en vigor era la que decía: "the Federal Government may relinquish United States sovereignty by granting independence or *ceding the territory to another nation…"*

Los acontecimientos que se desarrollaron después de aquel informe culminaron en un final inesperado, absurdo, como si hubiese sido extraído de un cuento de Edgar Allan Poe. Inicialmente, la reacción de los populares, defensores del Estado Libre Asociado, fue sentirse ofendidos por lo que decía el informe. La mayoría de los independentistas, que no pertenecían al Partido Independentista Puertorriqueño, también se sintieron ofendidos, no por lo que decía el informe —que era la cruda realidad de la colonia—, sino por la forma superficial e irresponsable que el informe trataba un asunto tan serio para el pueblo de Puerto Rico. Los estadistas celebraron el informe como un gran triunfo y el liderato del PIP, como ya era su costumbre, celebró junto al Partido Nuevo Progresista y alegó que aquello era el inicio del fin del coloniaje.

En los grupos de centro izquierda, la discusión principal giró en torno a cuál era la ofensa. Del análisis surgió que sentirse ofendido era una reacción emocional para ocultar la impotencia que producía el percatarse de que un congreso integrado por gente que nunca había visitado nuestro país, ni tenía el más mínimo interés en conocernos, no sólo podía hacer con el destino de este pueblo lo que le viniera en gana sino que, también, con el mayor descaro y sin el menor pudor, lo decía públicamente. Lo cierto era que desde 1898, cuando bombardearon la ciudad de San Juan y, eventualmente, entraron como Pedro por su casa por Guánica, los Estados Unidos habían estado ofendiendo la dignidad de nuestro pueblo. La colonia siempre ha sido, en todas partes del mundo, un estado permanente de indignidad. Por eso, entre tiempos, nos dejaban saber, como para que no se nos olvidara, quiénes realmente mandaban en la Isla del Encanto. Asignaban gobernadores mediocres que venían a administrarnos como procónsules y provocaban situaciones como la de la Masacre de Ponce. En 1952, la Constitución del Estado Libre Asociado fue revisada a su antojo por el Congreso y el protocolo de cómo colocar nuestra bandera mono estrellada, la ubicada en un nivel de inferioridad, a la izquierda de la pecosa. En tiempos modernos hicieron caso omiso del referéndum celebrado en Vieques, en el que el pueblo se expresó de manera abrumadora, a favor de la salida inmediata de la Marina; la Corte Federal continuamente intervenía en asuntos puertorriqueños, como en el caso de los pivazos; el FBI se apoderó de un barrio en Hormigueros para asesinar a Filiberto Ojeda Ríos y no les notificaron nada a las autoridades locales; nos llevaron los jóvenes a pelear en Iraq y nos los devolvieron en ataúdes; decidieron que los puertorriqueños no podíamos ver el equipo de Cuba jugar en el Clásico Mundial de Béisbol, que se celebró en San Juan; y, finalmente, produjeron un informe mucho menos que mediocre sobre la solución del estatus de Puerto Rico.

Los estadistas no tardaron mucho en darse cuenta de que el informe era una forma de acabar de sacar a Pedro Rosselló del panorama político puertorriqueño. A la movida se le empezó a conocer como *El Fortuñazo*. En los primeros días, después de la publicación del mamotreto, Rosselló enmudeció, pues se dio cuenta que Luis Fortuño era el hombre que tenía la bendición de Washington. Los rossellistas se aferraron al absurdo de que sería Rosselló quien traería la estadidad y siguieron con su campaña de destruir a Fortuño. En el año 2006 se celebró un plebiscito, auspiciado por el Congreso, en el que la estadidad se quedó en el 45 por ciento habitual, la independencia pipiola apenas llegó a un 2.6 por ciento, el continuar con el estatus sin alteraciones obtuvo un 5 por ciento y triunfó una nueva versión de la quinta columna —ninguna de las anteriores— con un 47.4 por ciento. Esto provocó que Aníbal Acevedo Vilá iniciara conversaciones con grupos independentistas y de la Sociedad Civil y convocara a una Asamblea Constitucional de Estatus. Los del PNP y el PIP la boicotearon y la Asamblea siguió sus trabajos sin ellos. En 2007, el Congreso convocó a un nuevo plebiscito. Una delegación boricua se fue para la Organización de las Naciones Unidas a plantear los resultados de la Asamblea Constitucional y a tratar de detener el segundo plebiscito. La ONU se expresó a favor de los planteamientos de la delegación, pero los jueces federales del País ordenaron la celebración del plebiscito, al que sólo concurrió el PIP y el PNP. Ganó la Estadidad por un 97 por ciento de los que fueron a votar. En la Asamblea Constitucional se llegó al acuerdo de una República Asociada y un grupo fue a llevar los resultados a Washington, mientras otro llevaba los del plebiscito. El Congreso se tardó un año en resolver la papa caliente que tenía en las manos y, finalmente, resolvió en lo que la gente descubrió esa mañana del Día de los Santos Inocentes. Luis Fortuño fue nombrado por el presidente Bush como Embajador en China y Presidente del comité de transferencia de soberanía.

El absurdo de la decisión congresional provocó otros absurdos. Doña Miriam Ramírez de inmediato, organizó, un grupo anexionista que planteaba integrarnos a cualquier provincia de la Gran Nación China. Norma Burgos corrió hasta un cirujano plástico y pidió que le achinaran los ojos. Varios estadolibristas se fueron, de inmediato, a Pekín para buscar la forma de establecer un pacto de asociación y el Movimiento

Independentista Nacional Hostosiano reactivó viejos contactos con el Partido Comunista Chino para lograr que se respetara la decisión de la Asamblea Constitucional. Los chinos, quienes aceptaron a Puerto Rico a cambio de enviar a algunos jugadores de baloncesto, de sobre siete pies de estatura, a la NBA, y que desconocían lo complicado de nuestro problema del estatus; de inmediato, buscaron una palabra propia (china) que nos describiera: un chi-chón. Además decidieron que lo primero que tenían que hacer los puertorriqueños era, tal y como lo exigieron los estadounidenses en 1898, aprender su idioma para que nos entendiéramos. Así que, primero los estadistas y luego los estadolibristas, empezaron a coger chino para entenderse con el nuevo poder colonial. Pedro Rosselló, por su parte, se fue del País y se compró una casa de un millón de yenes en la Provincia de Gansú y se cambió el nombre a He Chan Chu Yao.

27 de diciembre de 2005, *El Nuevo Día*, San Juan, Puerto Rico

OREJITAS

DICCIONARIO IDEOLÓGICO
DEL ELECTOR AGUZAO

- **Gobierno compartido** – el que establecieron Iris Miriam Ruiz, portavoz de la mayoría del PNP en la Cámara y el representante Roberto Cruz, del Partido Popular, cuando se enamoraron y, posteriormente, se casaron.

- **Independentista** – persona alérgica al agua de colonia.

- **Estadolibrista** – persona que no es lo suficientemente pitiyanqui para ser estadista ni lo suficientemente arriesgada como para ser independentista.

- **Estadista** – persona graduada con altos honores de la Universidad de la Colonia.

Año 2006

El cumpleaños de Lela

GAS PIMIENTA POR LA CULATA

El agente del Negociado Federal de Investigaciones (FBI), John C. Motley, se llevó tremendo susto el domingo pasado. Le asignaron observar la marcha "Puerto Rico se respeta", que miles de puertorriqueños llevaron a cabo en protesta por la presencia del FBI en la Isla y por los allanamientos del pasado 10 de febrero las cuales culminaron en agresiones físicas y con el uso de gas pimienta contra los periodistas que cubrieron los acontecimientos. Además de observar, tenía la encomienda de sacar algunas fotos de manifestantes prominentes y llevar, personalmente, un informe a sus superiores en Washington en el que debía incluir una evaluación del alcance de la demostración.

Motley no es menos torpe que los agentes que participaron en los allanamientos. Así que salió de un pequeño centro comercial de la avenida Chardón, vestido a la usanza de los agentes, con gabán negro y gafas oscuras, y se plantó al lado de la marcha a tomar fotos de quienes caminaban en dirección al edificio del tribunal federal. Como era obvio, muy pronto, los manifestantes se dieron cuenta de su presencia y le obsequiaron con un recital de consignas, tales como: "chavo, vellón y peseta, Puerto Rico se respeta y si no, maceta". El gringo buscó, rápidamente, en un diccionario de español a inglés, que tenía en el bolsillo de atrás de su pantalón, lo que significaban los vocablos "chavo", "vellón", "peseta" y "maceta" y, en esas estaba, cuando las consignas cambiaron a "FBI asesino, fuera de Puerto Rico". Motley, que no contaba con un embase de gas pimienta entre sus accesorios, abordó apresuradamente un automóvil negro para salir del perímetro de la protesta. Unos manifestantes que quisieron despedirse del agente dándole la mano a través del cristal delantero del auto astillaron el vidrio, pero el vehículo desapareció por una calle perpendicular a la Chardón.

El agente del FBI se refugió en el aeropuerto, en uno de esos clubes exclusivos para viajeros de primera clase y allí se puso a redactar sus notas sobre las marchas. Sí, porque Motley también estuvo observando la marcha que realizó el Partido Independentista Puertorriqueno (PIP) el Día de los Presidentes y la de los estadistas durante toda la semana. Sus anotaciones, a las que tuvimos acceso, resultan ser la mar de interesante y merecen nuestros comentarios. *"La marcha de los independentistas de las banderas verdes no fue tan concurrida a pesar de que, según averigüé, fue apoyada por otra gente que no era de ese partido".* El agente tiene razón. La política aislacionista del PIP no entusiasma a otros independentistas a respaldar sus manifestaciones, pero aun así, varias organizaciones patrióticas les dieron la mano y lo más importante es que se manifestaron en contra de los atropellos del FBI. *"La marcha de los estadistas es un desastre. Las luchas internas se han acentuado y el Presidente del Senado, Kenneth Mcclintock, por poco es atropellado por un vehículo de los que respaldan al ex gobernador Rosselló".* Vuelve a tener razón el vigilante federal. Aunque los que participaron de la marcha convocada por Pedro Rosselló hablaban de la familia estadista, es obvio que se referían a una familia disfuncional, que se odia entre sí. Cuando el Comisionado Residente, Luis Fortuño, participó de la misma, Rosselló no le dirigió la palabra. Cuando Kenneth McClintock, y su bando, intentó marchar, los rossellistas hicieron un cerco alrededor de su líder y no permitieron que el grupo disidente se le acercara. Llegaron al colmo de tirarle una guagua encima a Kenneth, la cual llegó a rozarlo por el trasero. El líder senatorial no se inmutó pues está acostumbrado a que el bando que quiere desbancarlo le haga cosas peores. *"La manifestación convocada por el grupo llamado hostosianos fue mucho más concurrida que las marchas de los pipiolos y de los estadistas y eso debe ser motivo de gran preocupación. Parece que, como ellos dicen, hemos alborotado el gallinero".* No puedo estar más de acuerdo con el agente Motley. En la banda allá deben estar preocupados por la diversidad de personas que participó de la marcha hostosiana y, sobre todo, por el efecto que los actos del FBI, desde el pasado 23 de septiembre para acá, ha tenido en el pueblo patriota que estaba en una especie de marasmo ideológico. Había líderes autonomistas, religiosos, independentistas, artistas, estudiantes, obreros y el pueblo, en general. Hasta una Asociación de Empleados Federales mostró su apoyo a la protesta.

Después de terminar sus notas, John C. Motley se tomó un "Bloody Mary" y dormitó por media hora en lo que salía su avión. Eran ya las 5:00 de la tarde del domingo 26 de febrero, cuando la nave levantó vuelo en el aeropuerto de Isla Verde. El agente se asomó por la ventanilla para disfrutarse el paisaje soleado que se descubría ante sus ojos. De pronto, vio algo que lo inquietó, pero un viraje del avión hacia la izquierda le impidió mirar con mayor detenimiento lo que había provocado su curiosidad. Aprovechó que el asiento a su izquierda estaba vacío y se movió al mismo para escudriñar el objeto de su inquietud. El avión ya volaba paralelo a la playa, por encima del sector Piñones, y Motley tuvo una segunda oportunidad para mirar. Sus ojos se desorbitaron al confirmar lo que sospechaba. Segundos después ya no se veía nada. La azafata a cargo del área de primera clase le pidió que se abrochara el cinturón pues todavía el avión estaba tomando altura. El agente obedeció pero, apresuradamente, buscó en su bulto la libreta de notas. *"Justo al salir de San Juan he podido observar, desde el avión, una demostración mucho más numerosa que las otras tres de las que he informado anteriormente. La misma se lleva a cabo sobre el puente Teodoro Moscoso en dirección al aeropuerto. Cinco negros van al frente y detrás de ellos miles de personas que se mueven como una masa compacta. La situación, a mi entender, se complica, pues en ninguna de las tres marchas anteriores vi negros en el liderato. Creo que Puerto Rico se nos está saliendo de las manos".*

Aunque este agente del FBI haya confundido la carrera de 10 kilómetros sobre el Puente Moscoso, dominada siempre por atletas africanos, con otra demostración política, sigue teniendo razón. La descolonización de Puerto Rico se les salió de las manos a los de la banda allá. La pueden retrasar, entorpecer, boicotear y atropellar, pero no la podrán detener. Al agente John C. Motley se le olvidó parafrasear un dicho popular que viene al caso ante el éxito de la demostración llevada a cabo el pasado domingo: el gas pimienta que le echaron a los periodistas, "les salió por la culata".

28 de febrero de 2006, *El Nuevo Día*, San Juan, Puerto Rico

Pedro Gandinga y el Mundial de Béisbol

Los periodistas que vinieron a cubrir el Mundial de Béisbol a Puerto Rico no se imaginaron que, además de las noticias deportivas referentes al extraordinario evento que se llevó a cabo en el estadio Hiram Bithorn de San Juan, también se llevarían a sus países una idea de cuán descabellada puede ser la política puertorriqueña. El día que la prensa local reseñó que el ex gobernador Pedro Rosselló se comparaba con Mahatma Ghandi y con Martin Luther King, los corresponsales salieron, apresuradamente, de los hoteles en que se hospedaban para buscar información de este ser casi sobrenatural que habitaba en esta pequeña isla caribeña. Curiosamente, cuando le preguntaron a un taxista que dónde podían obtener amplia información sobre el tal Rosselló, éste les indicó que los llevaría a la Fiscalía Federal, específicamente a la División de Crimen de Cuello Blanco. Ya esto puso en alerta a los reporteros que no podían encontrar relación alguna entre un pacifista luchador de los derechos humanos y una agencia dedicada a capturar corruptos.

Muy pronto, sus dudas fueron aclaradas. En el taxi se percataron de que en todas las estaciones de radio, además de comentarse la última "pedrogrullada", también se informaba que había sido enviado a la cárcel el más reciente empresario rossellista, acusado por participar en el fraude multimillonario que se llevó a cabo en el Departamento de Educación, bajo la incumbencia de Víctor Fajardo. Allí, en Justicia Federal, encontraron las fotos de más de treinta funcionarios de la administración de Rosselló convictos por corrupción. Pero las dudas seguían pululando en el ambiente: ¿Aplicaba en este caso aquello de "dime con quién andas y te diré quién eres"? ¿En qué rayos se parecía este individuo a Mahatma Ghandi y a Luther King?

De allí fueron a las oficinas centrales del Partido Nuevo Progresista (PNP) y por fin vieron unas fotos del nuevo líder de los derechos humanos frente a la cede de la colectividad en la avenida Roosevelt. "Ghandi y él son como dos gotas de agua", dijo sarcásticamente un periodista de Holanda. "Una, de agua del Yunque, y la otra, de las aguas del Caño Martín Peña", comentó don Ricardo, el taxista que los llevó. No les tomó mucho tiempo a los representantes de los medios extranjeros, enterarse de que el susodicho individuo también se hizo llamar *El Mesías*, durante la pasada campaña electoral. Con mucho entusiasmo, un funcionario del Comité Central les recibió y pasó a mostrarles el vídeo en el que aquel Mesías, en medio de humo y una gran fanfarria, se elevaba al cielo en el cierre de su campaña política. Sin lugar a dudas estaban en presencia de un ser muy especial.

Ante la pregunta específica de en qué superaba Rosselló a Ghandi y a Luther King, el funcionario en cuestión les contestó que Rosselló había hecho una caminata más larga que las que hicieron Ghandi y Luther King por sus respectivas luchas. En ese momento, intervino un periodista cubano, mucho más versado en cuestiones puertorriqueñas que los otros, y preguntó que por cuáles derechos humanos era que caminaba Rosselló. "Por el derecho a ser candidato a la gobernación en las próximas elecciones y que su pandilla tenga el derecho a seguir robando", se le zafó a don Ricardo el taxista. El funcionario lo fulminó con la mirada, lo mandó a sacar del Comité y entonces contestó a los periodistas que la caminata de Rosselló era para acabar con la colonia y para reclamar, de los ciudadanos estadounidenses en Puerto Rico, los mismos derechos que tienen los de los otros estados, o sea, la Estadidad. Esta vez fue un periodista dominicano el que disparó su comentario: "Oh, pero yo no entiendo esta vaina. Si los habitantes de una colonia se integran al poder colonizador entonces se han graduado de colonizados. O sea, que un estadista es un colonizado con diploma". La visita terminó abruptamente y los periodistas regresaron al estadio, a tiempo para presenciar el encuentro entre Cuba y Puerto Rico.

77

En los pasillos del estadio se toparon con un grupo muy particular: Kenneth McClintock, como mamá gallina, andaba con el grupo de senadores que lo apoyan. Portaban banderas de Puerto Rico y se veían ansiosos porque el encuentro comenzara, para apoyar el equipo boricua. Unos periodistas puertorriqueños habían puesto al tanto a sus extranjeros, de la lucha por el poder que se libraba en el Senado de Puerto Rico y las preguntas no se hicieron esperar:

—Señor McClintock, ¿espera usted que el Ghandi boricua le haga un ayuno indefinido para lograr el propósito de desbancarlo?

—No lo creo. Al segundo día le podría dar un bajón de pizza y ahí quedaría la protesta.

—¿Pero, entonces, en que se parece este señor a Ghandi?

—Todo fue una confusión— comentó Jorge de Castro Font

él no es Pedro Ghandi nada. Lo que sucedió fue que durante la marcha esa, por su futura candidatura a la gobernación, lo que él más pedía en los lugares donde se paraba a comer era gandinga. De vacilón le pusieron Pedro Gandinga. Un ayudante mío, que a su vez lo asesora en cuestiones de imagen, se inventó eso de Ghandi y Luther King.

—¿Qué es gandinga?— preguntó un periodista italiano.

—Las entrañas del puerco— contestó don Ricardo, el taxista, que no les perdía ni pie ni pisada a los periodistas—, el apodo de Pedro Gandinga sí que le queda bien.

Si Puerto Rico se convirtiera en estado, ¿sería posible que participara como nación en un Mundial de Béisbol?—, preguntó un mexicano.

Perdonen, pero ya el juego va a comenzar— contestó De Castro Font y desapareció entre la multitud.

Esa noche, los periodistas extranjeros observaron con asombro a miles de estadistas emocionados con el nocaut que Puerto Rico le propinó a Cuba, en un evento que no se podría celebrar si ganara la ideología que ellos mismos apoyan. Dos días después el fenómeno se repitió con el triunfo del equipo boricua ante el imponente equipo dominicano. La efervescencia patriótica les hacía cantar: "¡Yo soy boricua, pa' que tú lo sepas!" Y a los periodistas extranjeros ya no les cupo duda de que no importa las leguas que camine Pedro Ghandinga en pro de la estadidad, los puertorriqueños, incluso miles de estadistas, jamás permitirán que una decisión política les prive de la emoción de manifestarse como nación en un evento, como el Mundial de Béisbol.

La noche del domingo, de regreso al hotel, los periodistas preguntaron si verían al Ghandi boricua en el evento deportivo. El taxista les contó de los muchos abucheos que el susodicho personaje arranca en este tipo de eventos y que, por eso, sus asesores le recomiendan que lo vea por televisión. Entonces el periodista dominicano le dijo a don Ricardo:

—Yo sigo sin entender esta vaina.

—El asunto del estatus y los desquicios que provoca, ni nosotros mismos lo entendemos— le contestó mirándolo por el espejo retrovisor.

—No, si yo la vaina que no entiendo es cómo nos han podido dar la pela que nos han dado con el trabuco que tenemos los dominicanos.

—Sencillo: esta noche los boricuas teníamos más ganas de comer mangú que ustedes de comer mofongo.

Y don Ricardo dio un viraje y se los llevó a comer gandinga con mofongo.

14 de marzo de 2006, *El Nuevo Día*, San Juan, Puerto Rico

RESOLUCIÓN PARA JGO

POR CUANTO, la notoria Representante a la Cámara, Jennifer González, alias JGo por su extraordinario parecido con Jennifer López, en actitud prepotente y en abierto desafío y provocación a las miles de personas que se habían manifestado en contra del homenaje a quien de ahora en adelante llamaremos EL HOMENAJEADO, para no desmerecer la pulcritud de esta resolución, utilizó fondos públicos para una actividad seriamente cuestionable.

POR CUANTO, los representantes del Partido Independentista Puertorriqueño y del Partido Popular Democrático estaban en la luna de Valencia y les pasaron gato por liebre aun cuando se les paga para defender los mejores intereses del pueblo puertorriqueño y no pudieron detener o denunciar, como era necesario, este desmerecido homenaje.

POR CUANTO, un grupo de manifestantes indignados por la actitud provocadora de JGo, se salieron de la manifestación pacífica organizada por amigos y familiares de Carlos

Muñiz Varela y otras organizaciones políticas y civiles, e irrumpieron de forma violenta en el Capitolio y, en medio de una confrontación con la policía, rompieron propiedad del pueblo de Puerto Rico.

POR CUANTO, JGo y su jefe, el presidente cameral Primitivo Aponte, y el jefe de éste, Pedro Rosselló González, y otros "can blowers" y "assistant can blowers", se rasgaron sus vestiduras ante los violentos sucesos y poco les faltó para citar al Profesor Pulula, con aquello de que "la violencia nada engendra, sólo el amor es fecundo".

POR CUANTO, cuando se les olvida que hay amplia evidencia fílmica de que JGo irrumpió de forma violenta y rompió cristales en el motín, que junto a otros, protagonizó mientras intentaba entrar a la Procuraduría de la Mujer en el Viejo San Juan, por lo cual fue acusada.

POR CUANTO, se les olvida que hay amplia evidencia fílmica y fotográfica del ahora benemérito presidente cameral cuando le entraba a palos a carros de populares que pasaban frente al Comité Central del Partido Nuevo Progresista, después de una derrota electoral.

POR CUANTO, también se les olvida los violentos incidentes que hace apenas unos meses ocurrieron en el mismo Capitolio, donde turbas que apoyaban a Rosselló, en su intento de quitarle la silla presidencial a Kenneth McClintock en el Senado, forcejearon con la policía y tuvieron que ser desalojados de las gradas.

POR CUANTO, se les olvida que si bien es cierto que estos jóvenes estudiantes actuaron de forma inapropiada al causar daños a la propiedad pública, también es cierto que presidentes camerales del partido de JGo, tales como Edison Misla Aldarondo y José Granados Navedo, han causado daños irreparables a la moral de la institución legislativa, daños que no se arreglan al sustituir un cristal o reparar una mesa.

POR CUANTO, otros funcionarios del mismo partido al que pertenece JGo han roto, irreparablemente, la confianza del pueblo en sus servidores públicos y ya pasan de 30 los acusados y convictos que han ejercido ese tipo de violencia institucional sobre el pueblo, que confió en ellos.

POR CUANTO, también es violencia contra este pobre pueblo, que el Presidente cameral le aumente los estipendios de autos a los legisladores a más de 1,500 dólares mensuales.

POR CUANTO, JGo alega que EL HOMENAJEADO no ha sido acusado de nada, pero no investigó, porque no quería investigar que:

A. EL HOMENAJEADO, según consta en documentos oficiales, pagó una fianza de $215,000 para sacar libre a Alejo Maldonado, convicto jefe de la pandilla de criminales policíacos que robaba, asesinaba y cometía, impunemente, todo tipo de delitos en este país;

B. EL HOMENAJEADO, recibió $8,000, según se alega en un documento del FBI, por transportar relojes robados en un vehículo de su negocio de flores, como consta en la declaración jurada de Luis Ramos Grateroles, miembro de la misma pandilla.

C. EL HOMENAJEADO está asociado, de acuerdo a una entrevista que le hizo el FBI a César Caballero, convicto lugarteniente de Alejo Maldonado; con el secuestro de Armando Consuegra, hijo de un joyero cubano.

D. EL HOMENAJEADO fue señalado en un documento de la Comisión de lo Jurídico del Senado de Puerto Rico de las Vistas de los sucesos del Cerro Maravilla, por el embalsamador Juan Payo Fuentes, del grupo de Alejo Maldonado —bajo juramento y con detector de mentiras—, como involucrado en el pago del contrato para asesinar a Carlos Muñiz Varela.

E. EL HOMENAJEADO, en un programa de televisión, dijo que no "había tenido el honor" de participar en ese asesinato.

F. EL HOMENAJEADO, según Abraham Arzola, otro de la banda de Alejo, en entrevista con un agente del FBI, dijo que habían fallado en el primer intento de asesinar a Muñiz Varela, pero que no fallarían en el segundo.

POR CUANTO, toda la información antes expuesta, pero con más detalles, se la dieron, personalmente, a JGo los familiares de Carlos Muñiz Varela, antes del polémico homenaje.

POR CUANTO, el amigo de Carlos Muñiz Varela, Raúl Árzaga, le escribió el 23 de marzo al presidente cameral Primitivo Aponte, para advertirle que sería un insulto al País dicho homenaje y le ofreció toda la información que vincula a EL HOMENAJEADO con hechos delictivos, y Primitivo se hizo de la vista larga.

POR CUANTO, estos sucesos violentos en el Capitolio coinciden con las vistas que se celebraron en Washington, en las que se pone en la picota pública las desatinadas actuaciones del FBI en Puerto Rico, a quienes, además de cuestionárseles por la muerte de Filiberto Ojeda y el atropello contra los periodistas, habría que preguntarles por qué si saben todo lo antes expuesto en relación a EL HOMENJAEADO, callan y se niegan a darle información al Departamento de Justicia de Puerto Rico, que reabrió la investigación del caso Muñiz Varela.

POR CUANTO, en esos mismos días que ocurrierón los sucesos del Capitolio, el FBI dijo que el problema principal que ellos atendían en Puerto Rico era el terrorismo.

POR CUANTO, sabido es que las agencias de inteligencia de los Estados Unidos han logrado colocar agentes provocadores en manifestaciones independentistas para lograr desprestigiar las mismas. Véase la historia de Alejandro González Malavé y se dará cuenta de que para muestra con un botón basta.

POR CUANTO, hay un dicho que dice "dime con quien andas y te diré quien eres" y hay otro que dice que "el que calla otorga".

POR CUANTO, todo lo antes expuesto desnuda a JGo —en sentido figurado, por supuesto— como una provocadora al servicio de personajes siniestros, como EL HOMENAJEADO, y agencias siniestras, como el FBI.

RESUÉLVASE declarar a JGo, alias Chiquitota, la máxima representante de la doble moralidad en nuestro país.

SE ORDENA que copia de esta resolución se le entregue vía una columna de prensa a la susodicha, de ahora en adelante conocida como LA HOMENAJEADA, junto con un ramo de flores del negocio de EL HOMENAJEADO, pues se merecen mutuamente. Igualmente, se ordena que se les entregue copia de esta resolución a los representantes de las minorías populares e independentistas para que nuevamente no se les vaya el tren.

Dada en San Juan, Puerto Rico, hoy, 4 de abril de 2006.

Firmada por toda persona decente y valiente que la quiera firmar.

4 de abril de 2006, *El Nuevo Día*, San Juan, Puerto Rico

Hace unos años, cuando el cantante puertorriqueño José Feliciano interpretó el himno de los Estados Unidos, a su manera, en un juego de béisbol de la Serie Mundial, se formó tremenda controversia y acusaron al "Cieguito de Lares" de faltarle el respeto a la Nación Norteamericana. "Es que yo no veía lo que estaba haciendo", me contestó con el humor que lo caracteriza cuando le pregunté sobre el incidente, en una entrevista para la televisión, poco después. Cuando la polémica se diluyó, otros cantantes lo imitaron y, actualmente, son pocos los que interpretan el **Star-Spangled Banner** sin agregarle un poco de esa tonalidad que él le dio.

Lo mismo va a pasar con "la tormenta en un vaso de agua" que se ha formado por la traducción al español de dicho himno, esta vez, grabado por varios artistas latinos. La controversia real no es la traducción, es la reacción del presidente George W. Bush, a quien se le volvió a salir el rabo del dinosaurio racista que esconde debajo de su gabán. Cuando en las elecciones del año 2000 necesitaba congraciarse con el voto de los hispanos, no dudó en usar la versión en español que canta John Secada, pero, como ahora es un pato inútil, o sea, un "lame duck" —término que se usa en los EEUU para denominar a los políticos que ya no van a correr para un puesto electivo—, puede dejar salir sus verdaderos sentimientos.

Si un grupo de hispanos desea cantar el "Oh, say can you see" en español, los angloparlantes se deberían sentir bien, pues es un indicio de que este grupo quiere ser parte de las cosas que llenan de orgullo a los estadounidenses. Pero la controversia se forma cuando el himno en español se convierte en parte de la voz de protesta de los hispanos, por las reformas a las leyes migratorias que criminalizan a los inmigrantes ilegales y a quienes les ayudan. La falta al respeto no es por parte de quienes quieren cantar, en su idioma español, el himno de la nación a la que han decidido integrarse, es de quienes ven el uso del español, como algo amenazante o denigrante.

Si yo, que soy puertorriqueño, escuchara a Willie Nelson cantando: "*And happy, the small hillbillie goes, singing like this, saying like this, crying like this, through the highway. If I can sell the cargo, my dear God, a pretty dress to mama I'm gonna buy*", tal vez me daría ganas de reír la traducción literal de los versos de **Lamento Borincano**, la famosa canción de Rafael Hernández, pero no me sentiría ofendido. Todo lo contrario, vería como simpática la intención del cantante norteamericano. **En mi viejo San Juan**, de Noel Estrada, fue traducido al inglés a petición de la Asamblea Municipal de San Juan, bajo una administración anexionista. A mí me dio gracia la ridícula pretensión, pero de ahí a sentirme ofendido es otra cosa. No nos olvidemos de lo que dijo Eleonor Roosevelt: "Nadie te ofende si tú no le das permiso para hacerlo".

6 de junio de 2006, *El Nuevo Día*, Orlando, Florida

Supermán regresa a Macondo

Salió como una bala disparada por un cañón, desde una nube grisácea que se había posado como a diez millas sobre el mar, frente al Capitolio. Pasó rozando el brazo en alto de la estatua de San Juan Bautista que les saca el dedo a los legisladores ineptos, y descendió suavemente, sobre la cúpula de la Casa de las Leyes. Buscó con su mirada infrarroja a su amada periodista, la que había dejando plantada para regresar a Kriptón a una reunión de los kriptonianos ausentes y, de inmediato, la localizó en el área de prensa de la Cámara. Era, indiscutiblemente, ella, con su diadema dorada y su voz ronca. Minutos después la llevaba en brazos a Mount Britton en El Yunque, donde nadie los molestaría, y así, podría enterarse de qué estaba sucediendo en el Macondo Borincano.

Supermán se quedó consternado con lo que escuchó. El pueblo era víctima de constantes aumentos y de una legislatura que internamente se peleaba por quién fastidiaba más al consumidor. Tan pronto un programa de chismes difundió la exclusiva de que el Superhéroe estaba en el País y que, aparente y

90

alegadamente, salía con una periodista, varios líderes políticos le hicieron llegar peticiones para reunirse con él. Supermán aceptó las reuniones, en primera instancia, con el también Súper, Pedro Toledo. Este le pidió, encarecidamente, que se uniera a la fuerza policíaca ya que, recientemente, se había dado a conocer que en el País se compran, anualmente, millones de balas y sólo un hombre de acero podría enfrentarse a esta balacera. Después se reunió con el presidente de la Cámara José Aponte, quien le ofreció un jugoso contrato, sólo para que lea con su súper vista los proyectos que fueran considerados en el cuerpo y, así, evitar metidas de patas, como pasó, con la Reforma Fiscal y el impuesto a las ventas. Las destrezas periodísticas de Clark Kent, identidad secreta de Supermán, lo llevaron a concluir que en el caso planteado por Aponte, se juntó la ineptitud cameral con la jaibería senatorial, para desgracia del País.

La próxima reunión de Supermán fue con el gobernador Aníbal Acevedo Vilá. Este le planteó dos asuntos. Primero, que recogiera todas las iguanas que hay en la Isla y se las llevara, junto con los monos de Lajas, a un lugar fuera del Planeta, pues ya eran una epidemia. A Supermán le pareció una petición muy fácil de complacer, pero pensó que le vendría mejor al País llevarse del Capitolio a los políticos junto con las iguanas y los monos. El Gobernador quería, en segunda instancia, que le trajera unos trajes exclusivos de Kriptón, a prueba de críticas, para lucirlos en la próxima campaña política. El Partido Popular estaba dispuesto a pagar lo que fuera por los mismos.

Supermán se rió de la ocurrencia del Gobernador y se fue volando al Senado. El hecho de que viniera vestido de rojo y azul fue suficiente para que los "rossellistas" lo tildaran de populote, o sea, seguidor de Kenneth McClintock. La batalla por la conquista de la presidencia del Senado despertó su curiosidad.

Girando sobre sí, se trasladó al pasado inmediato y observó, con detenimiento, los distintos incidentes acaecidos. Al regresar al presente, le comunicó a su amada periodista la conclusión a la que había llegado: Pedro Rosselló era nada más y nada menos que el archifamoso villano Lex Luthor. Eso explicaba el caos en el que se encontraba el País.

Las reflexiones de Supermán fueron interrumpidas por una situación de emergencia. Una señora vestida con franjas y estrellas, se había subido a un poste muy elevado para izar la bandera estadounidense como celebración del cuatro de julio y un fuerte ventarrón amenazaba con hacerla caer. En una fracción de segundo, ya Supermán la había rescatado, pero ciertas expresiones de la dama le causaron una nueva preocupación: ella celebraba la independencia de los Estados Unidos, pero rechazaba vehementemente la independencia de su país. Por algún lado tenía que haber kriptonita roja, pensó el Hombre de Acero. Dicha variedad de roca, traída desde su Planeta de origen, causaba locura en los que se exponían a su radiación. Tal vez Lex Luthor era el responsable, pues todos los que lo seguían, denotaban cierto nivel de locura. Pero muy pronto se percató que la locura era general. En el partido político del Gobernador se discutía la posibilidad de que el animador de televisión Roberto Vigoreaux retara con éxito al escritor y analista Luis Vega Ramos, para ocupar un escaño vacante en la Cámara de Representantes. Supermán se dio cuenta, entonces, de que el Macondo Borincano no tenía remedio. Una vez más dejó plantada a su amada periodista, tomó vuelo y regresó a Kriptón para tomarse unas merecidas vacaciones.

4 de julio de 2006, *El Nuevo Día*, San Juan, Puerto Rico

EL CUMPLEAÑOS DE LELA

Hoy cumple 54 años Lela, una mujer caribeña con
una historia muy particular. Nació bajo la tutela de su Tío
Sam, un estadounidense rico que muchos años antes se
había apoderado, con la fuerza de sus armas, de las tierras
de unos españoles, quienes a su vez, se las habían quitado a
los indios. Cansado de los mosquitos y del calor caribeño,
Sam le entregó la custodia de Lela a Luis, un poeta soñador
de bigotes frondosos, ojos encuevados y voz hipnotizadora.
Ni Sam le dijo, ni Luis preguntó, quiénes eran los padres
de Lela. Este, simplemente, se dedicó a protegerla como
si fuera su hija y para que, económicamente, no le faltara
nada, accedió a seguir los dictámenes del tío rico sobre cómo
criarla. Mientras sus amigas y vecinas estudiaban, luchaban
y se encaminaban a la independencia lógica a la que todo ser
humano aspira, Lela vivía mantenida, con un falso sentido
de superioridad, como en una vitrina.

A los 16 años, otro Luis se hizo cargo de Lela. Este era
un empresario rico y mecenas de las artes. Su empeño era

que Lela se casara con algún pretendiente que el Tío Sam le consiguiera y convertirla, así, en una estadounidense más. Pero a los cuatro años perdió la custodia de ella a manos de un apuesto abogado de nombre Rafael, quien pensaba que Lela debía mantenerse dependiente económicamente del Tío Sam, pero sin integrarse al estilo de vida estadounidense.

94

Cuatro años más tarde volvió la pobre Lela a cambiar de custodio. Esta vez fue Carlos, un hombre rudo y obstinado, a quien le decían *El Caballo*. Este tuvo serios encontronazos con aquellos que creían que Lela, a sus 22 años, debía independizarse y hacerse cargo de su destino. La confusión de Lela era evidente, sobre todo, cuando Rafael volvió a tomar su tutela al esta cumplir los treinta y dos años, y quiso que España fuera otra vez su norte.

Los años seguían pasando y quienes querían su independencia no tenían fuerza suficiente para hacer valer sus reclamos; quienes preferían que siguiera como estaba, no aceptaban lo indigno de su condición; y quienes querían convertirla en una norteamericanita, se entretenían malversando los dineros que les enviaba el Tío Sam. Casi todos terminaron en la cárcel. Todo esto ocurrió durante el periodo en el que Pedro, el Escabroso, se hizo cargo de la pobre cuando ésta cumplió los 40 años. Pedro le mandó a hacerse cirugías plásticas y cambios de imagen, pero Lela seguió siendo Lela.

Entonces, por primera vez, vino una mujer a hacerse cargo de ella. Pero doña Sila, la nueva tutora, luego de celebrarle los 50 años, se convenció de que Lela era incorregible. Frustrada, renunció a su tutoría y se dedicó a los juegos del amor no correspondido.

Hoy Lela cumple 54 años. Aníbal, su nuevo tutor, un astuto malabarista que siempre se sale con la suya, dice creer que ella debe ser soberana para tomar sus decisiones. Pero ya nadie les cree a ninguno de los tutores de Lela. Ahora mismo, la pobre pasa por una crisis existencial. Tiene serios problemas económicos, pues gasta más de lo que gana. El Tío Sam ya no piensa seguirle mandando dinero y, evidentemente, no le quiere buscar un novio para casarla. Ojalá y este cumpleaños 54 la haga reflexionar que su destino no lo puede decidir ni el Tío, que no la ha dejado crecer, y, mucho menos, aquellos que la usan para sus intereses económicos.

25 de julio de 2006, *El Nuevo Día*, San Juan, Puerto Rico

Puerto Rico está "in"

Cada día, para más y más puertorriqueños Puerto Rico está "in": ingobernable, incosteable, indeseable, indisciplinado, inestable, inseguro, insensible, intolerante e invivible. Inadvertidamente, la incapacidad de incentivar el intelecto, la inteligencia, la intuición y la introspección, por parte de quienes nos han gobernado ha sido una incitación a lo inapropiado, al comportamiento incivilizado, en el que la incompetencia y la inutilidad invalidan las buenas intenciones de quienes incansablemente, luchan por un mejor país, indestructible e interdependiente.

La inacción es la orden del día en las agencias de servicio público. El comportamiento inadmisible en la cámaras legislativas es la "norma". La indolencia queda retratada con la increíble cantidad de felicitaciones y tonterías aprobadas por la legislatura. Se premia al incapaz y se castiga al incorrupto. Ser exitoso es intimidante y provoca el insulto, la infamia y el discurso inflamatorio. El individualismo, camino expedito a la **in**felicidad, sustituye la **in**clusión y la **in**tegración de esfuerzos. El monstruo de la burocracia hace **in**accesible la mejor educación para nuestros niños. La **in**satisfacción del pueblo es **in**dicativa de que nos están conduciendo a un rumbo **in**determinado. Es claro el **in**tento de **in**doctrinarnos con miedo para, así, **in**timidarnos y que no nos **in**dignemos.

Este pueblo, que siempre ha tenido una gran **in**tuición, parece haber sido **in**toxicado por la **in**consciencia, la **in**comunicación y la **in**diferencia. Con lo **in**sólito, se es **in**dulgente, lo **in**correcto se **in**dulta y la **in**vestigación seria se **in**valida. El que quiere aportar se le ve como un **in**truso y se tilda de **in**tromisión su **in**tento de servir. Abunda el dato **in**exacto, mientras los burócratas se creen *in*falibles. Muchos de ellos disimulan la **in**eficacia con la **in**solencia. **In**discutiblemente, hay **in**dicios de deterioro en el andamiaje de nuestra sociedad.

Ante ese panorama **in**sufrible, que **in**digna y hace **in**apetente vivir en esta Isla, muchos rechazan estar "in" y escogen estar "out" y, de esa forma, optan por la **in**comodidad de lo **in**cierto, la **in**certidumbre de lo **in**cógnito y emigran a otros lares, aunque con todo y pasaporte americano los miren como **in**documentados. La **in**cidencia de los que, de forma **in**apelable, prefieren las **in**clemencias del clima del norte a lo **in**adecuado de la vida en nuestro país es **in**creíble.

Yo me resisto a **in**cluir en la **in**timidad de mis pensamientos esa opción. Para mí es *in*admisible el darse por vencido. La **in**actividad hay que transformarla en actividad, la **in**conformidad debe ser el motor que nos mueva a la acción, lo *in*concluso hay que terminarlo, lo **in**alcanzable debemos ponerlo en la agenda **in**mediata y, sobre todo, hay que

98

darle espacio al talento **in**cipiente. ¿Suena **in**verosímil? ¿Les parece **in**fantil o les resulta **in**concebible? Pregúntenles a los Hermanos Wright, a Henry Ford, a Walt Disney, a Martin Luther King, a Mahatma Ghandi, o al mismo Luis Muñoz Marín, entre tantos miles de soñadores que **in**sistieron e **in**sistieron y volvieron a **in**sistir, hasta que lograron que sus sueños se hicieran realidad. Lo siento por los **in**crédulos.

99

Aspirar a un país vivible debe ser la agenda **in**mediata de todos. Nuestro mal no es **in**curable. Para ello hay que dejar a un lado lo **in**cidental y lo **in**trascendente para darle espacio a una **in**fraestructura de entendimiento común que sustituya la **in**triga, la **in**sidia y la **in**transigencia. Tenemos que **in**tentarlo. Este país tiene una fuente **in**agotable de talento. El espíritu combativo está **in**tacto. Pero hay que **in**tegrar a todos los sectores de la población. Tenemos que **in**vocar ese espíritu de solidaridad que se despierta sólo ante las grandes desgracias. Debemos buscar en el **in**terior de nuestro espíritu de pueblo las reservas morales que aún nos quedan para, **in**tensamente, con toda la buena **in**tención, tirarle el salvavidas a este país que está "in", pero que ya tiene "out" más de la mitad de su población. **In**tegrar a esa agenda la mayor cantidad posible de nuestra gente buena es **in**dispensable. La responsabilidad de esta generación para con esos propósitos es **in**soslayable. El desánimo es **in**aceptable. Para ello, necesitamos líderes cuya agenda sea **in**alterable e **in**diferente a las presiones electoreras y a los colores de sus tribus. El partidismo **in**condicional nos ha llevado a donde estamos. Mi partido es **in**coloro y cada día hay más gente así, cansada del fanatismo **in**amovible. Por ese partidismo es que hay una **in**compatibilidad entre lo que desea el pueblo y lo que hacen sus políticos. El mejor ejemplo es la decisión del pueblo en pro de la unicameralidad, mandato hasta ahora **in**consecuente, pues la legislatura le ha hecho caso omiso hasta rayar en la **in**constitucionalidad. Sólo un pueblo bien **in**formado, **in**sobornable, **in**dómito y, de ser necesario, **in**surgente logrará ese cambio urgente que necesitamos. De lo contrario seguiremos siendo un país que está "in", **in**gobernable e **in**vivible, con lo mejor de su gente "out".

26 de septiembre de 2006, *El Nuevo Día*, San Juan, Puerto Rico

Hubo una época en la que los puertorriqueños temíamos ser influidos por la cultura anglosajona. Sin embargo, lo que ha sucedido es que las tradiciones de la cultura estadounidense, que han llegado a nuestra patria las hemos virado patas arriba y se han puertorriqueñizado, de tal manera, que son ellos quienes deben cogernos miedo.

Santa Clós no ha logrado desplazar a los Reyes Magos. Al contrario, en ciertas decoraciones que uno ve en la época navideña, algunas casas ponen al viejo gordo al lado de un trío de pleneros, que resultan ser los propios Reyes Magos, junto a un jibarito que asa un lechón a la varita. Con el calor de los carbones y la vestimenta propia del Polo Norte, el pobre viejo se deshidrata antes de que llegue la Noche Buena.

Cuando adultos y niños ven a los Reyes Magos, en esas cabalgatas que salen de Juana Díaz, los miran con veneración. Sin embargo, en el área de Plaza las Américas, donde los niños se retratan con Santa Clós, una gran cantidad de infantes forman una pataleta para evitar que los pongan en la falda de ese ser extraño que se ríe de forma tan poco natural.

Pero cuando hemos botado la pelota y astillado el bate es el Día de Acción de Gracias. El boricua, acostumbrado al sabor de nuestras comidas, encontraba insípido el famoso pavo de la tradición estadounidense. Poco a poco, se le fue agregando el recaíto, la salsa, las especies, el sofrito y, un buen día, el pavo se convirtió, por obra y gracia de la cocina puertorriqueña, en el pavochón, un pavo con sabor a lechón. Fue entonces que nos lanzamos de pecho a dar gracias a Dios. Antes, dar gracias con ese pavo desabrido era más una desgracia que otra cosa.

Ahora tenemos la ruta del pavochón, que no es otra cosa que un peregrinaje de casa en casa el Día de Acción de Gracias. Lo que sucede es que la familia puertorriqueña ya es una gran familia extendida y es difícil ubicar bajo un mismo techo las distintas ramificaciones, que los divorcios, los enojos y las diferencias políticas han creado. La ruta empieza a las doce en casa de los suegros. Para ello, muchos se levantan tarde y no desayunan para, así, tener espacio estomacal suficiente para acomodar todo lo que les espera en el día. A eso de las dos y treinta, se dirigen, entonces, a casa de los padres. Allí, tal vez, lleguen un poco tarde, pero todavía la gente está a la mesa y se arremete con toda naturalidad a la segunda tanda. Hay que comer, y con gusto, porque si no, se toma como un desaire. A las cinco, enfilan para la casa de los amigos, que tienen preparada una mezcla de cena y bembé nocturno, en el cual, también hay que comer como si fuera la primera comida del día.

El resultado es que al terminar tan reflexivo día, el peso poblacional de la Isla ha aumentado dramáticamente y el consumo de antiácidos, laxantes y enemas de café coronan la noche. Sin embargo, para otros miles de puertorriqueños, la "jartera" del día les prepara para la culminación de la ruta del pavochón, que es ir a un centro comercial para amanecerse esperando la gran venta especial del viernes. En la madrugada de ese viernes, el cuerpo ya ha terminado de procesar el pavo que consumió de doce del mediodía a ocho de la noche del día anterior y está listo para el sandwichito —obviamente de pavo— de las cuatro de la mañana. Este ha sido cuidadosamente preparado y colocado en una "lonchera" para el momento de recargar baterías. Un fuerte olor a pavochón inunda la fila de los madrugadores y aquellos que no trajeron nada se dan la vuelta con mirada de sato hambriento alrededor de los precavidos, para ver si les tiran con algo.

103

Todo esto es sólo un ensayo general para lo que sucederá el día de Nochebuena, la noche de Año Viejo y la víspera de Reyes. Por eso es que la población obesa en nuestro país ha aumentado dramáticamente. Los nueve meses restantes del año no dan para rebajar lo que se consume en Puerto Rico, desde Acción de Gracias hasta las octavitas. Esto ha traído un cisma en el Gobierno de Aníbal Accedo Vilá: mientras el Secretario de Recreación y Deportes recomienda hacer ejercicios y rebajar para tener una mejor salud, el de Agricultura invita a la familia puertorriqueña a que consuma los productos de nuestra industria agropecuaria y tome la ruta del colesterol por Guavate y sus lechoneras en las montañas de Cayey.

28 de noviembre de 2006, *El Nuevo Día*, San Juan, Puerto Rico

La costa no está serena

Es mi despeje favorito. A eso de las siete de la mañana, monto mis dos perros en el carro y enfilo hacia Piñones. Me detengo en algún lugar que me permita acceder a la playa y caminamos por la costa, por espacio de una hora. Es un paraje maravilloso. El mar juguetón embiste contra la orilla, con la misma fuerza primitiva que lo hacen mis perros cuando juegan entre sí. La caminata se convierte en tremendo ejercicio, pues los pies se hunden en la arena hasta la pantorrilla, debido a la marejada.

En estos días, la costa no ha estado serena. El oleaje se levanta imponente hasta doce pies de altura. Los jóvenes que practican el *surfing* lucen como puntitos negros que aparecen y desaparecen con los vaivenes espumosos. Pero la inquietud costera va más allá del efecto de los frentes de frío sobre el mar. Inquieta e indigna la incapacidad de quienes tienen la responsabilidad ministerial de defender nuestros recursos naturales. El 31 de octubre, con máscaras hallowinescas, la Junta de ¿Calidad? Ambiental certificó la Declaración de

Impacto Ambiental Final del proyecto turístico Costa Serena. Se trata del edificio más largo que habrá en nuestro país, con 352 unidades de uso hotelero, 40 unidades comerciales, 42 de vivienda, 880 habitaciones de hotel y 1,394 estacionamientos. En resumen: una gran plasta de cemento en medio de un paraíso natural.

Pero el asunto es peor. Este proyecto estaría ubicado dentro de un sistema de barrera costera cuyas playas, dunas y manglares actúan como una valla amortiguadora contra las fuerzas del viento, las mareas, el efecto del ascenso en el nivel del mar y las marejadas, causadas por tormentas y huracanes. Construir en esta zona, además de ser un acto de agresión contra los ecosistemas que allí conviven, es una irresponsabilidad contra las personas que, consciente o inconscientemente, participen, en el futuro, de ese proyecto. El Gobierno federal ha desalentado la construcción en áreas con estas características y no asegura a los proyectos, como el que ahí se pretende hacer, contra inundaciones.

Los vecinos de Piñones-Loíza, verdaderos dueños de esas tierras y auténticos representantes de nuestra cultura afrocaribeña, han sido desalojados, despojados y manipulados, como gusto y gana les ha dado a los desarrollistas sin escrúpulos, que de forma, sumamente cuestionable, han reclamado la titularidad de los terrenos donde se piensa ubicar el proyecto Costa Serena. A esos desarrollistas, el gobernador Aníbal Acevedo Vilá los ha recibido, ha almorzado con ellos y ha escuchado con beneplácito sus insaciables intenciones. A los vecinos de Piñones, después de muchos intentos, se les concedió una reunión en la que el Gobernador se comprometió a escuchar sus reclamos. Tanto los escuchó, que a la semana siguiente, se dio a conocer que la Junta de Calidad Ambiental ya había aprobado la Declaración de Impacto Ambiental del proyecto, muchos días antes de la reunión. Al igual que Rosselló con los actos de corrupción que ocurrieron durante su gobierno, Aníbal no lo sabía.

Tal vez, tampoco sabía que la decisión de su Junta estaba basada en mapas obsoletos de FEMA, mapas que sólo presentan la realidad costera hasta 1984, antes de los embates del huracán Hugo. Los mapas actualizados saldrán hoy, entre ellos los del Río Grande de Loíza, al sur de Costa Serena, y el mapa sobre los riesgo de inundación saldrá en abril del 2007. Así se toman las decisiones en nuestro país. Luego ocurre que por cualquier aguacerito se inundan urbanizaciones y sectores en los que irresponsablemente se ha aprobado la construcción en áreas inundables. Después que meten la pata, entonces, quieren acomodar la naturaleza a sus incapacidades y empiezan a canalizar ríos y quebradas, a un costo millonario que se pudo haber evitado.

Si caminamos por nuestros campos y pueblos, vemos que los ríos que antes corrían caudalosos y festivos hacia el mar, ahora apenas serpentean moribundos entre espacios secos, producto del desarrollo insensible. El cemento avanza como un cáncer, devorándose el verdor que caracterizaba nuestra isla. Los políticos, desesperados en la caza de votos, no saben impresionar al pueblo con otras obras que no sean tortas de cemento.

Pero los tambores ancestrales están sonando desde hace tiempo. Advierten sobre el peligro. La indignación de la gente humilde está creando una ola que se levanta como un tsunami contra la avaricia de los desarrollistas y la irresponsabilidad del Gobierno. Benicio del Toro, actor puertorriqueño de gran reconocimiento en Hollywood, respondió al llamado de los tambores. Como él, artistas, ambientalistas, religiosos, políticos sensibles, profesionales, jóvenes y viejos, se unen a la danza, a favor de nuestra tierra y nuestra cultura, cantando a coro: ¡Defendamos a Piñones! La costa no está serena. Y no lo estará hasta que se haga justicia. Si no lo hace la rama ejecutiva lo hará la judicial. Si no… el pueblo lo hará.

108

5 de diciembre de 2006, *El Nuevo Día*, San Juan, Puerto Rico

Una Navidad con tres Mesías

En Puerto Rico las cosas se hacen en grande. Tenemos más reinas de bellezas del Universo que nadie. Somos el país más feliz del mundo, según un estudio publicado recientemente. Producimos más basura por persona que la mayoría de las naciones. Hemos tenido más campeones de boxeo que la suma de los campeones de este deporte en los países suramericanos. Tomamos más licor que en Rusia. Vamos a tener más acuarios que Sea World. Sí, porque ahora, después de la idea del gobernador Aníbal Acevedo Vilá de hacer uno en el área del Centro de Convenciones, a casi todos los alcaldes les ha dado con tener uno en su municipio. Terminaremos con un acuario en cada pueblo de la Isla, los cuales, se interconectarán por debajo de la tierra y así los pejes gordos nadarán de pueblo en pueblo haciendo de las suyas. Y, como si eso fuera poco, somos el único lugar del Planeta que en la navidad recibimos a tres Mesías.

Ya uno de ellos llegó a San Juan el viernes pasado, de nombre José Luis de Jesús Miranda, y lo hizo en su jet privado. Evolucionar de moverse en burro a jet privado en dos mil años, no está mal. Apareció con seis guardaespaldas, no doce que, según él, tenía su predecesor. Luego, fue al programa de televisión ¡Qué Suerte! Pero el que tuvo suerte fue Héctor Marcano, el productor, pues obtuvo muy buenos *ratings* en las medidas de audiencia de ese día. Este Mesías es de Ponce. Bueno, de dónde iba a ser si no, de Ponce. ¡Ponce es Ponce y lo demás es parquin! Los supuestos misterios que iba a revelar Wiso Barkers, como le llamaban de joven cuando robaba artículos en esa tienda, resultaron ser explicaciones inverosímiles de por qué se hace llamar "Jesucristo hombre". Su presencia en este país debe traernos una bonanza económica, pues vendrán de Oriente una gran cantidad de reyes a visitarlo y el IVU se encargará de que estos dejen varios millones de dólares en impuestos. Jorge Rodríguez, el Presidente de la Autoridad de Acueductos y Alcantarillados intenta negociar con él un acuerdo para que convierta el agua de la pluma en vino y convertirnos, así, en uno de los principales exportadores de ese producto en el mundo.

El otro Mesías se llama Pedro y llega el 27 de diciembre, a tiempo para el Día de los Santos Inocentes. Se espera que muchos inocentes, tal vez no tan santos, lo vayan a recibir, otra vez, al aeropuerto, con palmas en la mano. Contrario al Mesías ponceño, este no viaja en jet privado, pero sí tiene un Cadillac que no suelta ni en las curvas. Sus apóstoles, comandados por Tomás —el que hay que verlo para creerlo— y José, el sabio de Puerta de Tierra, cerrarán filas detrás de su salvador y no permitirán, como permitieron los otros apóstoles hace dos mil años, que arresten a su líder. Algunos han amenazado, emulando a San Pedro apóstol, con tumbarle una oreja al atrevido que ose tocarlo.

Los fariseos populares ya han acusado a este otro Mesías y, se dice, que tienen intenciones de crucificarlo camino a las elecciones del año 2008. Previo a eso, lo van a juzgar, pero es casi seguro, que muchos Pilatos se van a querer lavar las manos para no tener que bregar con esa papa caliente. Si logran juzgarlo, antes de crucificarlo, lo colocarán entre dos ladrones. Quiénes serán esos ladrones, va a ser una decisión bien difícil, pues hay tantos candidatos que la lista es como para vacunarse. Sin embargo, algunos esperan que los dos escogidos sean sus discípulos más cercanos: Marcos y René.

El tercer Mesías, no tiene que llegar el día 24 de diciembre, a las 12 de la noche, vía jet privado y, mucho menos, viajar en Cadillacs obtenidos de forma dudosa. No necesita llegar, porque siempre ha estado aquí. No vive en mansiones lujosas. Habita en el corazón de los humildes. No necesita presentarse en programas de juegos, porque él estableció las reglas del único y más importante de los juegos: el de la vida. Ya no necesita hacer milagros para probar su autenticidad, pues el hecho de que después de dos mil años se lo recuerde con tanto amor es más que suficiente. No tiene que revelar grandes misterios que levanten audiencia televisiva, pues él es el misterio. Con este Mesías, con el verdadero, no hay liga. Son los otros dos quienes van a tener que celebrar una primaria entre ellos para que el pueblo escoja cual de los dos es el más tostao. Amén.

19 de diciembre de 2006, *El Nuevo Día*, San Juan, Puerto Rico

111

LETANÍAS DE UN
ELECTOR ANGUSTIAO

Santo Matías - Aléjame del Mesías

Santo Crispín – Y del maldito "write in"

Ay Santa Elba – Que Aníbal tampoco vuelva

Oh Dios, protege el terruño –

de la derecha y Fortuño

San Pedro, ¿será la hora –

de Edwin Irizarry Mora?

San Pablo pon en tu lista –

al muchacho ambientalista

Santo Sigfrido – tampoco me ha convencido

Santo Gaspar – mejor salgo a protestar

Santa Asunción – a promover la abstención

Santos de Porta Coeli – líbrenme de Fraticelli

Santa Vicenta – Que no me eche gas pimienta

Oh, Santos ¡háganme caso! –

que no me den macanazos

Año 2007

Diógenes en Puerto Rico

LA CÁMARA DE GAS DE PRIMITIVO APONTE

Primitivo Aponte, por obra y gracia del sistema político puertorriqueño, se convirtió en Presidente de la Cámara de Representantes, luego de las pasadas elecciones, y ha llevado esa parte de la Rama legislativa a ser más fiel al nombre de quien la preside que al nombre con el cual fue concebida. Ese augusto cuerpo, que fue dirigido por figuras de gran prestigio, como don José de Diego y don Ernesto Ramos Antonini, ha caído en un primitivismo típico de la época de las cavernas, en el que la razón ha sido sustituida por la ley del más fuerte. Aquel instinto primitivo que lo llevó, ebrio de frustración, a entrarle a palos a los carros de los populares que pasaban frente a los cuarteles generales del Partido Nuevo Progresista, mientras celebraba el triunfo de la Quinta Columna, es el que lo guía al presidir la Cámara.

Cuando Primitivo vio que la Cámara de Representantes le quedaba grande, trató, entonces, de presidir una Cámara fotográfica, pero tuvo serios problemas con el foco. Tanto así, que totalmente desenfocado, aprobó un proyecto sobre el impuesto a las ventas en el que se usó la terminología que quería el Gobernador y no la que él intentaba imponer. Pero esa cámara fotográfica ha rendido frutos. Nos ha retratado la peor legislatura en la historia de nuestro país. Ojalá y a la gente no se le olviden esas imágenes a la hora de votar.

118

Actualmente, Primitivo preside una Cámara de gas, como aquellas de la época hitleriana, en las que, con engaños, se llevaban a seres humanos a un cuarto donde se les exponía a un gas letal que los aniquilaba. En la Cámara de gas de Primitivo Aponte, se aniquilan las más altas aspiraciones del pueblo puertorriqueño. Este pueblo, cansado de la politiquería barata y de los gastos alegres y obscenamente excesivos, decidió, en una elección democrática, que ya no quería un sistema bicameral y que optaba por la unicameralidad. Cerca de medio millón de personas fueron a las urnas y más de un ochenta por ciento de ellos le ordenó a la legislatura que presentara un proyecto unicameral por el cual se pudiera votar. Pero Primitivo Aponte, como ladrón en la noche, bajó el proyecto que inició el Senado y, temeroso de que su falta de liderato llevara a sus representantes a reconsiderar votar por lo que el pueblo les ordenó, lo trajo por descargue —esto es, sin tiempo para ser evaluado seriamente— y lo llevó a la Cámara de gas. Esto, a pesar de que el propio partido había prometido, durante la campaña política, que la forma de legislar por descargue no era la más adecuada en proyectos de gran envergadura.

En los días posteriores a la masacre del proyecto de la unicameralidad, se han escuchado voces que tratan de justificar lo injustificable, que defienden el sistema bicameral. Pero la guagua se les fue. Ese debate ya pasó. En su momento, trataron y no pudieron convencer ni a quienes fueron a votar, ni a quienes decidieron no ir a votar. No decidir es una forma de decidir. Si en esta democracia, que tanto nos venden como el *non plus ultra* de todos los sistemas políticos, alguien decide no ir a votar, delega en quienes van la decisión de lo que se esté considerando. Me dio lástima ver a una mujer inteligente, como la portavoz de la mayoría penepé, tratar de balbucear ante un periodista una justificación a la masacre que, amparados en el primitivismo de su líder, hicieron con el proyecto de la unicameralidad.

119

Desgraciadamente, esos gases que mataron el proyecto también afectarán seriamente la próxima candidatura de Luis Fortuño. Para que el amigo Fortuño se convierta en una opción real, seria y viable para este pueblo, se tiene que distanciar, años luz, de ese primitivismo rossellista, aniquilante e irracional que impera en la Cámara. Si sus favorecedores, como Iris Miriam Ruiz, Toñito Silva y Ángel Pérez, entre otros, avalan con sus votos la burla, la ofensa, el atropello y el desprecio al mandato de este pueblo, entonces, de qué nueva opción estamos hablando.

Que no les quepan dudas a los legisladores que apretaron con sus votos el gas aniquilante del proyecto de la unicameralidad: sus actuaciones no quedarán impunes. Sus nombres quedarán claritos en la memoria de aquellos que se han sentido burlados y ofendidos, y estén bajo la sombra de quien estén, no van a contar con los votos de este pueblo. Si siguen esa ruta y no rectifican, también morirán, políticamente, en la Cámara de gas de Primitivo Aponte.

23 de enero de 2007, *El Nuevo Día*, San Juan, Puerto Rico

Los antiguos archienemigos políticos se reunieron en una concurrida cafetería del área de Ocean Park, temprano en la mañana.

—¿Por qué en este lugar, Carlos?

—Porque le meten muchos jamones distintos a los sándwiches. Y hacen unas croquetas divinas.

—No me gusta este sitio, Carlos.

—Perdona, Rafael, pero a esta hora Pikayo no está abierto.

—Es que aquí la gente nos ve y van a empezar a especular.

—Pero si nos vieron juntitos el otro día en el Tribunal Federal cuando reclamamos para que se nos mantengan las escoltas.

—Está bien. Pues vamos a lo que vinimos.

—¿Viste lo de Fortuño ayer?

—Sí. Les va a comer los dulces a ustedes los "rossellistas".

—No, si Pedro siguiera mis recomendaciones, pero como él no escucha...

—No hay duda de que Fortuño es un candidato simpático

para a la prensa. Mira como está en todos los periódicos.

—Es el nene lindo de la prensa… y como Pedro tampoco coopera… Tenemos que hacer algo.

—Te referirás a ustedes, ¿no?… al liderato del PNP.

—No. Me refiero a ti y a mí.

—¿Yo? ¿Qué pito toco en los problemas de ustedes? Yo soy popular.

—Es por el País, Rafael. Tenemos que regresar a la política.

—Lo cierto es que tú nunca te has ido… y acá entre nos… yo tampoco.

—Sí, pero me refiero a estar activamente…, a que necesitamos volver a correr.

—¿A correr?

—No te quedes con esa cara de "yo no fui", que yo sé que desde que se está investigando a Aníbal, tú has estado haciendo reuniones con tus incondicionales y de eso se ha hablado por ahí.

—Bueno, a mí se me han acercado a decirme que la cosa está mala, que si la investigación sigue su curso, Aníbal no gana y que yo podría poner al País otra vez a sus pies, que soy, diz, que la persona de mayor influencia en el Partido Popular, pero de ahí a que lo considere va un largo trecho. Ya yo estoy retirado.

—Eso no te lo crees ni tú mismo. Desde que te enamoraste y te casaste de nuevo estás hecho un Travolta. Debieras correr para la gobernación por el PPD.

—¿Y tú?

—Yo podría ser el candidato de consenso para evitar una primaria entre Pedro y Luis.

—¡Ea rayos!

—Tu asombro me ofende. ¿No crees que yo podría?

—¿pero, y Jorge Santini?

—Chacho, ese no llega ni a primera. Yo soy la salvación del PNP y tú, la del PPD.

—¿Tú y yo de nuevo?

—¡Como en los viejos tiempos! Ahora, como se te ocurra volver a decirme ¡asesino!, como lo hiciste en la campaña de los ochentas, se acabó la amistad.

—Y a ti no se te ocurra decirme "momia", porque hasta ahí llegamos.

—Pero antes, tenemos que hacer un compromiso de caballeros, una promesa de honor.

—¿No atacarnos en lo personal?

—Más importante que eso.

—¿Impulsar la solución del estatus?

—Más importante aún.

—¿Evitar la corrupción?

—Mucho más importante que eso.

—¿Qué?

—Restablecer las escoltas a los ex gobernadores.

—¡Verdad es! ¡Genial! Si tú ganas, me la restableces a mí y si yo gano, te la restablezco a ti.

—¡Por Puerto Rico!

—Con el permiso, ¿qué van a comer los señores?

—Un sándwich cubano con doble ración de jamón, mucha mantequilla y dos croquetas.

—¿Y usted?

—Unas tostadas de pan integral.

20 de febrero de 2007, *El Nuevo Día*, San Juan, Puerto Rico

123

Ese muerto no lo cargo yo

En una cafetería, distinta a la que se encontraron Carlos y Rafael la semana pasada —la presente queda en la marginal de Isla Verde y su letrero luce los colores de la Madre Patria— se reunieron Pedro y Tomás, en la mañana del pasado jueves.

—¿Qué le dije, jefe? ¡No hubo causa en su contra en el caso de la pensión Cadillac! Para que usted vea que siempre puede confiar en mí.

—¿Tú estás feliz, Tomás? Yo no.

—¿No? Pero si logramos humillar al Secretario de Justicia y hasta lo pusimos a pelear contra la judicatura.

—¡Yo quería ir a la cárcel!

—¿Qué?

—¿No entiendes? ¿Qué patriota, qué mártir, qué profeta no ha estado en la cárcel?

—Pero jefe, es que usted está por encima de todo eso. Usted es el Mesías y eso se dejó establecido en corte.

—¿Cómo que se estableció en corte que soy el Mesías?

—¡No hubo causa y es obvio que usted estuvo en tres lugares a la misma vez!

—Sí, pero, con todo y eso, voy a perder en las primarias frente a Fortuño.

—Eso es lo que dicen nuestras encuestas, pero nadie lo sabe. La cosa va a mejorar ahora que salió bien en lo de la pensión.

—Es que eso es lo que tú no entiendes. Ya no soy víctima. Ahora estoy de tú a tú con el odioso nene lindo de Fortuño. ¡Y yo lo quiero destruir!

—Jefe, no se olvide que Aníbal es el "target".

—¡Me importa un comino Aníbal! ¡Quiero destruir a Fortuño!

—Pero, ¿y si se destruye el partido...?

—¡Me importa un comino! Quiero la cabeza de Fortuño.

—¡Pues corra contra él!

—¿Estás loco? Que la pela la coja otro. Llámate a Jorge.

—Lo que usted diga, jefe... ¿Jorge?... Es Tommy. Quería darte la buena nueva que el jefe, en su inmensa bondad te quiere conceder el privilegio de correr contra Fortuño y ganarle en la primaria.

—*Tommy, dile al jefe que se escuche una canción muy conocida, cuyo coro dice: "ese muerto no lo cargo yo, que lo cargue el que lo mató", y ya sabrá mi respuesta.*

—¿Jorge? ¿Jorge?... Jefe, Jorge enganchó... me da la impresión de que no le interesa.

—Pues llámate a Leo. ¿Recuerdas la consigna de que si no es Pedro es Leo?

—Jefe, a Leo ya no lo apoya ni su jefe, el alcalde de Toa

Baja Aníbal Vega Borges, quien está con Fortuño.

—Pues hay que buscar un loco o un tonto que me sustituya, y es ya.

—No se me agite jefe, que esta semana pasada acabó
con todos sus medicamentos. ¿Un loco o un tonto?
Hmmm. ¿Se refiere a un Casillas y a un José Aponte?

127

—No. Casillas, no. Lo necesito para que siga dirigiendo
mi Delirium Tremens Club. Llámate a Aponte.

—Enseguida, jefe… ¿José?… Es Tommy.

—*Dime Tommy.*

—Quería darte la buena nueva que el jefe, en su inmensa
bondad, te quiere conceder el privilegio de correr contra Fortuño y ganarle en la primaria.

—*¿Yo? ¿De veras? ¡Oh my god! Si el Jefe lo dice… Of cour-
se… Yo he evitado que Aníbal gobierne… yo he detenido
lo de la Unicameralidad… los Blanco Pi me adoran…
la verdad es que… no lo había pensado, pero… si… soy
un buen candidato…*

   —Shhh… jefe, se lo creyó… está embollao…

   —Resuelto eso, pide la cuenta.

   —¡La cuenta por favor!

   —¡Y sin el IVU!

27 de febrero de 2007, *El Nuevo Día*, San Juan, Puerto Rico

DIÓGENES EN PUERTO RICO

Diógenes, el sabio cínico que nació allá para el año 413 a.C., se sintió invocado por un artículo de prensa en el que se enumeraban las características del candidato ideal para las elecciones de 2008. Tal y como hizo en Atenas, donde salió a plena luz del día con una lámpara en la mano a buscar a un hombre justo, deambuló por la calle San Justo del Viejo San Juan, para tratar de hallar ese candidato idóneo. Comenzó por los incumbentes, pues la lógica lo llevó a concluir, que si ya ejercen el poder es porque están cercanos a ese líder perfecto.

Alumbró con su lámpara a Jorge Santini, a quien se encontró dirigiendo, personalmente, el cierre de una calle que va a ser adoquinada. El resplandor de la luz produjo efectos luminiscentes en el gel que empapaba el pelo del Alcalde sanjuanero. Santini miró su vestimenta raída y llamó, de inmediato, a un ayudante para notificarle que un nuevo deambulante había llegado a San Juan. De paso, despotricó contra algunas organizaciones comunitarias, que lo han criticado por entender que en los centros de salud se discrimina contra los sin techo. Diógenes enfocó, entonces, con su lámpara, el artículo periodístico en el que se mencionaban la templanza, la prudencia, la capacidad de llegar a consensos el estar abierto al diálogo y a la autocrítica, como características de ese líder perfecto, y salió corriendo hacia la Fortaleza.

130

En el Palacio de Santa Catalina, los guardias de la entrada no le dejaron pasar la lámpara, pues no estaba registrada entre los artículos de metal que el sofisticado sistema de seguridad permite. Le dieron, a cambio, un "flash light" que Nazario Lugo, el jefe de la Agencia para el manejo de Emergencias, les había dejado ante el inicio de la temporada de huracanes. En lo que esperaba para que el gobernador Aníbal Acevedo Vilá lo atendiera, unos periodistas le mostraron unos videos de la campaña electoral pasada, en la que el Gobernador aseguraba, mirando fijamente a la cámara, que no habría nuevos impuestos. Diógenes subrayó la parte del artículo de referencia en la que el pueblo dice que el candidato ideal cumple lo que promete y se fue rumbo al Capitolio sin esperar a que Aníbal le recibiera.

Los pasillos de mármol y la suntuosidad de la Casa de las Leyes le recordaron la antigua Atenas, donde su maestro Antístenes les enseñaba sus ideas cínicas a aquellos discípulos que, como él, lo seguían a todas partes. Justo en ese momento, se topó con Pedro Rosselló quien venía acompañado de un tropel de gente que lo llamaba maestro, guía, elegido, sabio y mesías, y Diógenes quedó impresionado con tanta adoración. Y lo siguió. La vestimenta del sabio no contrastaba mucho con los uniformes militares, las pamelas con banderas de los Estados Unidos, los disfraces de monjas y otras indumentarias extravagantes de los seguidores de aquel líder político. Una señora que besaba lo que parecía ser el libro que recogía el pensamiento filosófico del líder fue tan generosa que se lo prestó. Diógenes le dio una rápida lectura al *Triunvirato del Terror*, y entendió que aquel hombre estaba a la defensiva, sobre todo, porque, como exigen los entrevistados en el artículo de marras, no fue sabio en el uso de los recursos financieros del País. Poco después, se dio cuenta de que la cordura, característica que, curiosamente, la gente no mencionó en el artículo de prensa, brillaba por su ausencia en aquel grupo y se fue corriendo con la lámpara en la mano.

131

Y así siguió Diógenes, buscando al líder ideal para el año 2008. Ya un tanto frustrado, se fue para la Comisión Estatal de Elecciones a observar el proceso de radicación de candidaturas. Allí vio que todo candidato cargaba un librito debajo del brazo, una especie de biblia política, la cual releían constantemente. Diógenes aprovechó que uno de los candidatos, mientras se miraba al espejo para admirar su belleza, dejó su libro encima de una mesa, lo tomó y comenzó a ojearlo. Descubrió que era un *Manual del Candidato Político* en el que se enumeraban las diez características indispensables para el típico candidato de la política puertorriqueña:

1. Prometer todo lo que se le ocurra que la gente pueda querer.

2. Concentrarse en demostrar que el contrario es peor que él.

3. Recoger dinero para la campaña sin mirar de dónde vienen los fondos.

4. Hacer promesas de contratos posteriores a aquellos empresarios que contribuyan de manera generosa con su campaña.

5. Apuñalar a quien se destaque como posible contendor, aunque sea amigo o correligionario.

6. Mencionar constantemente a "papito Dios" y luego practicar aquello de "a Dios rogando y con el mazo dando".

7. De salir electo, echarle la culpa al contrario por todas las promesas no cumplidas.

8. Distanciarse de aquellos amigos a quienes por estar recaudándole dinero, los cogieron con las manos en la masa.

132

9. Anunciar su candidatura para el próximo término antes de que haya hecho una sola obra.

10. Aprovechar la menor oportunidad para robar cámara... o para robar... punto.

Espantado, Diógenes le dio a su lámpara contra el piso y regresó a su Atenas antigua, más cínico que nunca.

5 de junio de 2007, *El Nuevo Día*, San Juan, Puerto Rico

133

En defensa del Amolao

Señores:

Desde el lugar donde me han confinado, totalmente desmembrado, al lado de una licorería, la cual me mantiene, con sus espíritus destilados rondándome la nariz, en una nota perenne, alzo mi voz —la voz del olvidado y nunca bien ponderado Almirante Cristóbal Colón— en defensa del Amolao. Claro, dirán, como él iba a construirle una estatua, es lógico que lo defienda ahora que el notorio alcalde de Cataño intenta regresar para ver si, por fin, concluye el malogrado proyecto. ¡Mal pensados!

Independientemente de que fuera dedicado a mí, el proyecto tenía su valor. ¿Cuántos no van a Nueva York y su primera parada es en la Estatua de la Libertad? Hasta el muchacho, ése ambientalista, Tito Kayak, la escogió para hacer una de sus más dramáticas protestas. Cuando usted está a los pies de esa estatua, regalada por los franceses a los estadounidenses a cambio de que ellos pudieran vender "french fries" en Manhattan, se da cuenta de lo grande que es. Pues, déjenme decirles que mi estatua, perdón, la estatua que me iba a hacer el Amolao, sería tres veces más grande que la Estatua de la Libertad. ¿Usted se imagina eso, en una isla de cien por treinta y cinco? O sea, que en cualquier lugar de Puerto Rico en que usted estuviera y alzara la vista, vería mi cara, ahí, cerquita, mirándolo con ojos desorbitados. ¿Cuántos turistas no vendrían a esta bendita isla a retratarse junto a mí? Y lo cierto es que lo podrían hacer desde cualquier lugar del País.

Otro atractivo de ese proyecto de mi amigo El Amolao sería que ya la Isla del Encanto dejaría de ser un lugar anónimo en el mapa del mundo. Ahora que el cacique, ése, cagueño, don Willie Miranda Marín tiene en la plaza de su pueblo una exhibición de fotos de la Tierra tomadas desde el cielo, tenemos la oportunidad de imaginarnos cómo se vería Puerto Rico desde mi estatua: seguiríamos siendo un puntito en el globo, pero con algo enorme parado hacia arriba, como un inmenso Tótem Telúrico, y ya eso nos distinguiría.

En fin, que la idea de lo de la estatua para mí era genial. Lo que sucede es que como la propuso el Amolao, creyeron que era una de sus locuras y yo he sido el que ha terminado pasando las de Caín. ¿Recuerdan que primero mandaron mi cuerpo desde Rusia y, después, fue que le mandaron la cabeza al Amolao? Recuerdo que cuando me transportaron desde el puerto en un camión, él iba como una reina de belleza, al lado de mi cabeza, saludando a diestra y siniestra. Desde entonces, estoy aquí, durmiendo el sueño de los justos, en espera de que alguien me junte con el resto del cuerpo y me pare donde me merezco estar parado. En esa espera he tenido que sufrir vejaciones de toda índole. ¡Las veces que un pelícano se ha posado en mi nariz para hacer sus necesidades!

Ahora mi esperanza ha renacido con el retorno del Amolao. Sé que su primera aparición pública, tal vez, no fue la más templada, pero él es así y por eso no se le debe llamar loco. No se olviden que a mí me acusaron de loco y terminé en un manicomio después de haber descubierto a América. Sé que mi amigo apareció en Primera Hora, con los ojos desorbitados y una silla en la mano para, según dijo y cito: "restrellársela en la chola a un seguidor del actual alcalde de Cataño, Wilson Soto", pero eso, lo único que quiere decir, es que es un hombre apasionado. También sé que le dijo negra sucia a una mujer que le estaba gritando insultos, pero eso fue una reacción de indignación. A pesar de todo eso, ¡ese es el hombre para Cataño! Las ventas de cerveza han disminuido en el municipio desde que él no está, los programas de radio son aburridos cuando no hay una nueva noticia del Amolao. Gracias a su regreso, los Rayos Gamma han anunciado funciones en Bellas Artes para agosto, esperanzados en que él les dé buen material para sus parodias.

Pero quiero volver al tema de la supuesta locura que se le adjudica. Como dicen los abogados, estipulemos que, efectivamente, no tiene todas las tuercas en sus respectivos tornillos. Pregunto, ¿hay alguien en el Partido Nuevo Progresista que se atreva a descalificarlo como candidato primarista por loco? Porque, de ser así, hay alguien muy conocido, que corre para una posición muy importante, que quedaría automáticamente descalificado desde ya. ¿He dicho nombre yo? Es más, yo les diría, por lo que he observado desde mi privilegiado observatorio al agua, sol y sereno, que cierto grado de locura ayuda muchísimo para entrar y mantenerse en la política. Así que, amigos, bienvenido sea el regreso del

Amolao, para ver si su gran proyecto, mi estatua, se da. Una estatua a un supuesto loco, con un loco en la Fortaleza y otro loco en la alcaldía es una interesante combinación para el año 2008.

136

Y Firma,
Cristóbal Colón

19 de junio de 2007, El Nuevo Día, San Juan, Puerto Rico

El nuevo Senado del año 2009

Yo no me podía perder esa primera sesión del nuevo Senado de Puerto Rico para el año 2009. Parece que mucha gente pensó lo mismo, pues las gradas estaban abarrotadas. El gobernador Pedro Rosselló había tomado posesión unos días antes y, además de indultar a Víctor Fajardo y traerlo de nuevo a la secretaría del Departamento de Educación (había que buscar dinero para pagar las deudas de una campaña larga y costosa), había declarado que el nuevo Senado iba a poner de nuevo a Puerto Rico en la ruta del progreso.

Tomás Rivera Schatz, nuevo Presidente del Alto Cuerpo, antes de sentarse, se cercioró de que la silla había sido cambiada, pues no quería posar su fondillo donde antes había estado el del traidor de Kenneth McClintock. Complacido, tomó asiento y un estruendoso ¡fuá! brotó de las gradas. Juguetón, el ex Secretario general del Partido Nuevo Progresista, se paró y se sentó varias veces, siempre acompañado de un emotivo ¡fuá!

De inmediato, el portavoz de la mayoría, Cristóbal Berríos, muy conocido por su papel de Míster Blup en el programa

Desafiando los Genios, pidió la palabra.

—Sr. Presidente.

—Sr. Portavoz de la Mayoría progresista, senador Berríos.

—Eeeeeehso que estamos buscando... ¿es animal, vegetal o mineral?

Las gradas, esta vez, estallaron en risas y aplausos ante la ocurrencia del comediante.

—Sr. Portavoz —dijo, ya un tanto serio, el presidente Rivera Schatz—, lo que estamos buscando es que demos comienzo a la sesión.

—Perdone, señor moderador... pensé que ya habíamos empezado. No tengo objeción a que comencemos.

—Sr. Portavoz de la minoría, José Luis Dalmau.

—Sr. Presidente, sólo para informarle que le cedo mi turno para secundar el que se comience la sesión al compañero senador Piculín Ortiz.

—Adelante, senador Ortiz.

—Sr. Presidente, agradezco al senador Dalmau que me permita este tiro libre y...

—Sr. Piculín Ortiz, le voy a pedir que antes de dirigirse a la presidencia se saque la goma de mascar de la boca.

—Sr. Presidente.

—Sr. senador Dalmau.

—Para pedirle que sea condescendiente con el compañero senador ya que estuvo acostumbrado toda la vida a jugar y a comer chiclets a la vez y le va a tomar un tiempito en lo que se adapta a no hacerlo.

—Sr. Dalmau, aquí, o habla o come chicle, pero no va a poder hacer las dos cosas a la vez. Pasemos a otro asunto en lo que el senador Ortiz bota el chicle.

Con gran maestría el senador Ortiz se sacó la goma de mascar, la hizo una bolita y la lanzó a distancia encestándola en un zafacón cercano.

—Sr, Presidente.

—Sr. senador Víctor Santos.

—Mira, negrito, era para pedirte que excuses a varios compañeros que no están presentes ya que yo les aconsejé que hoy no salieran de sus casas, pues los astros me indicaron que no era un buen día para ellos.

De las gradas volvió a surgir un fuerte aplauso. Varias ganadoras de los concursos Miss Piel Canela se pusieron de pie para aplaudir la intervención del Martin Luther King criollo, como él mismo se auto tituló en un programa de televisión. Cuando el aplauso disminuyo, el Presidente tomó la palabra.

—Senador Santos, le voy a pedir que no se dirija a la presidencia como "negrito" porque, aparte de que viola el protocolo, el compañero debe recordar que mi ascendencia es alemana, o sea, yo soy ario.

—Perdone, Sr. Presidente, pero yo creía que usted era capricornio.

—Mejor vayamos a otros asuntos y tengo dos ante mi consideración, que me parecen de suma importancia y que debemos de resolver, de inmediato. El primero, es que el compañero senador Luis Oscar Casillas, cariñosamente conocido como el Comandante Casillas en el PNP, me ha pedido que se lo permita asistir a las sesiones de este senado en su usual vestimenta de ropa de fatiga. ¿Hay alguna objeción? ...Senador Berríos.

—Sr. Presidente, no tengo objeción alguna a que el compañero Casillas venga en ropa de camuflaje, pero que, entonces, se me permita usar en el Senado el sombrerito de pra pra de Míster Blup.

—¡Aprobado el asunto! Por último, atiendo la petición del

139

Caucus de la Mujer, de esta honorable Asamblea Legislativa, que me ha solicitado que haga una excepción y que nombre al senador Pedro Juan Figueroa a cargo de la Comisión de Asuntos de la Mujer. ¿Alguna objeción?

—Sr. Presidente.

—Sr. senador Figueroa.

—Sr. Presidente, agradezco la solicitud de las compañeras legisladoras y me comprometo a luchar por los derechos de la mujer noche y día, ya que, como dije en una reciente conferencia de prensa, soy soltero y no tengo una mujer que me limite.

—Muchas gracias, senador Figueroa. Éxito en su gestión. Esta presidencia entiende que la labor que ya hemos realizado hoy ha sido más que suficiente, así que damos por terminados los trabajos de este día y nos vemos mañana a esta misma hora. ¡He dicho! ¡Caso cerrado!

Tengo que confesar que mis expectativas fueron superadas. El nuevo Senado del año 2009 será uno para la historia.

26 de junio de 2007, *El Nuevo Día*, San Juan, Puerto Rico

La segunda invasión

141

A Ivonne y Juanma

Mientras los populares serpentean en sus automóviles por la carretera hacia Comerío para buscar hacer una mejor demostración que la suma de las dos demostraciones estadistas del 4 de julio; los independentistas se aglomeran en la bahía de Guánica, con intenciones de protestar por la invasión estadounidense del 1898 para, luego, subir hacia el Cerro de los Mártires a dedicarles a los presos políticos la actividad en conmemoración de la muerte de dos jóvenes independentistas a manos de la policía, dirigida por un actual candidato a la Asamblea municipal de Canóvanas, que ante la presión pública volvió a encubrir sus verdaderas intenciones. Mientras, doña Miriam Ramírez da gracias a Dios, una vez más, porque un día como este comenzó, oficialmente, la americanización de la Isla y decide celebrar la efemérides subiéndose al Tótem Telúrico, para poner una bandera pecosa y pecaminosa. Mientras todo esto ocurre, unos buques de guerra estadounidenses entran por la Bahía de San Juan con la inequívoca intención de realizar una segunda invasión.

¿Por qué por la Bahía de San Juan? Porque el Imperio es vengativo y no nos perdonan el frustrado intento de aquel 12 de mayo de 1898, cuando bombardearon San Juan y no pudieron lograr sus intenciones. Llegaron como ladrones en la noche, a eso de las cuatro de la mañana, bajo el mando del contralmirante William T. Sampson y atacaron sin previo aviso una ciudad ocupada por civiles. El Iowa, el Indiana, el New York, el Amphirite, el Terror, el Montgomery, el torpedero Porter, el barco Niágara y dos yates llenos de periodistas de Prensa Asociada, se fueron con el rabo entre las patas, a eso de las ocho de la mañana, luego de haber hecho 1,360 disparos, algunos de los cuales llegaron hasta Cataño, Pueblo Viejo y San Patricio, deja siete muertos y 57 heridos, según algunas fuentes.

Desde el Morro y, sobre todo, desde el Castillo San Cristóbal, sólo 441 disparos fueron suficientes para que los invasores se retiraran a planificar mejor la invasión, a enterrar sus dos muertos y a curar siete heridos.

Por eso, otra vez, lo intentan por la Bahía. El Alcalde de la Capital los recibe con un homenaje en la plaza llena de batuteras y raperos. Luego, caminan hasta el Capitolio donde el Presidente de la Cámara balbucea un discurso de bienvenida, seguido por otro discurso, en perfecto inglés, del Presidente del Senado. La noticia se riega como pólvora. En la Barandilla, el pueblo comenta que era de esperarse esta segunda invasión. El FBI hacía tiempo que había decidido dejar establecido quién mandaba en la Isla. Los signos eran demasiado claros: cero notificaciones a la oficialidad de la Isla cuando asesinaron al líder independentista Filiberto Ojeda, investigaciones y cárcel a oficiales corruptos del partido de la Estadidad, investigación y desprestigio del Gobernador estadolibrista, ataque a luz del día a periodistas en plenas funciones de su trabajo y, por último, allanamientos a cuarteles de la policía estatal.

Cuando las noticias llegan a Comerío, ya Aníbal Acevedo Vilá está terminando su discurso. No ha mencionado la unión permanente con los Estados Unidos, caballito de batalla de los populares *per sécula seculorum*, pero, tampoco, ha sido claro sobre los reclamos de soberanía para resolver, de una vez y por todas, el asunto del estatus. Le pasan un papelito, como el que le pasaron a Carlos Romero Barceló, aquel otro 25 de julio, que dice: "los norteamericanos volvieron a invadir, esta vez tomaron San Juan sin resistencia alguna". Al Gobernador se le escapa un lamento, que es reproducido por los altoparlantes a toda la multitud que ha ido a celebrar la colonia: "Y ahora, ¿quién podrá defendernos?" "¡Yo, El Dacolín Colorado!", grita Alejandro García Padilla desde la silla de los invitados especiales, aún con su hoja de radicación de candidatura al Senado por acumulación en la mano. Corre al baño y, en un santiamén, se cambia de ropa. Sale con la vestimenta roja y amarilla que popularizó su mentor, el Chapulín Colorado. Salta a un carro descapotado del DACO, que a una señal electrónica se colocó justo frente a la tarima, y sale chillando gomas hacia San Juan, seguido por toda la prensa del País. Nestor Duprey y Luis Vega Ramos, entre otros libreasocialistas, salen detrás de él, pero la mayoría se queda en la tarima, al lado del Gobernador, quien luce un hermoso traje de diseñador, para discutir qué van a hacer.

24 de julio de 2007, *El Nuevo Día*, San Juan, Puerto Rico

MOISÉS Y EL PLAN FRENESÍ

Sucedió en el día treinta, del mes once, del séptimo año, del tercer milenio. Moisés —a quien también llamaban el Mesías— bajó del monte a donde se había ido a hablar con Jehová, o sea, consigo, y llegó hasta el Coliseíto, una especie de templo donde solían reunirse sus seguidores, para tomar importantes decisiones. Esta vez vino con dos tablas de piedra en la mano en las que estaban grabados, como por un rayo divino, los diez mandamientos del estadista-rossellista. Sus seguidores, esta vez en menor número que los paganos que seguían a un joven tribuno de nombre Luis, el cual aspiraba a sucederle; se pusieron de rodillas para escuchar los nuevos mandamientos de la ley estadista que Moisés pregonaría.

Antes de que el Profeta hablara entraron, estrepitosamente, los seguidores del joven tribuno y se desató el *pandemonium*. Las expresiones de cariño entre uno y otro grupo, no se hicieron esperar: empujones amistosos, epítetos cargados de pasión, sillas que volaban con entusiasmo de un lado para otro, gas pimienta para condimentar el ya caldeado ambiente, en fin, un festejo de confraternidad y total armonía. Comenzaron, entonces, los discursos de los apóstoles de uno y otro bando, como preámbulo al esperado sermón de los Diez Mandamientos. La alegría que inundaba aquellos corazones era tal, que el bullicio no dejaba escuchar los mensajes que se perdían en el eco y se escapaban por las puertas y ventanas de la estructuras, sin chocar contra tímpano alguno.

El joven tribuno habló y fue evidente que su corto mensaje levantó el espíritu de quienes lo veían como el sucesor del Mesías. Constantemente, se quitaba el mechón de pelo negro de su frente, como si este interrumpiera el libre fluir de sus pensamientos. Esta vez se lo vio más confiado y seguro que en otras ocasiones. Había logrado su propósito: demostrar que superaba en seguidores al viejo profeta.

Al llegar su turno, Moisés tomó las tablas de la ley, las cuales había recostado de la parte de atrás de su asiento, y carraspeó para exigir silencio. Pero el ruido ensordecedor continuaba. Sus ojos se entristecieron al ver que ya no contaba con el absoluto dominio que antes tenía. Entre el tumulto, escuchó voces que desconfiaban de su divinidad, pero continuó adelante. Su propósito estaba claro: amarrar a los allí presentes, sobre todo, al tribuno Luis, con aquellos Diez Mandamientos de la ley estadista-rossellista y, en específico, con el Plan Frenesí.

Este plan, concebido por el Profeta en un estado de frenesí, fruto de largas horas de oraciones a sí mismo, tiene el propósito de provocar una confrontación con el Imperio, mediante la exigencia de que se reconozca a la Colonia como un Estado y, de esta, forma liberar al pueblo oprimido. Para ello, es necesario obtener un mandato en las próximas elecciones en las que el nuevo Moisés ya ha profetizado que resultará electo como guía absoluto de su gente. Una vez obtenido el mandato, se escogen dos senadores y ocho representantes, que irían a la cede del Imperio para exigir asientos en el Congreso. De no ser reconocidos como tal por los congresistas imperiales, los diez enviados, con todos los gastos pagados por el pueblo, buscarían, entonces, unas grúas donde treparse, unos portones de los cuales amarrarse o unas calles donde acostarse, de tal forma, que se interrumpa la paz y la tranquilidad de la capital del Imperio hasta que este, finalmente, se rinda a las exigencias de la Colonia sublevada. ¡Todo un frenesí!

147

Al joven tribuno, el Plan Frenesí no le hizo gracia alguna. Está en sus planes convertirse en Gobernador de la Colonia, pero con el apoyo de estadistas, populistas, independentistas y cualquier otro "ista" que esté harto de las picadas de un alacrán ponzoñoso que, según él, tiene aterrorizado al pueblo. El Plan Frenesí del Mesías provocaría que sólo seguidores incondicionales del culto estadista votaran por aquel que lo postule. El joven tribuno sabe, además, que en la Colonia de hoy nadie gana elecciones sólo con los votos de su congregación. Mientras pensaba en esas funestas consecuencias electorales para quien abrazara dicho plan como bandera de lucha, el plan fue aprobado a viva voz y las multitudes se dispersaron y elevaron cánticos al Mesías, y cada bando reclamaba haber logrado su propósito principal, en aquel encuentro tan lleno de confraternidad y armonía. Moisés esperó a que los escribas de los periódicos también se marcharan y tomó las tablas con los Diez Mandamientos aprobados, miró con sorna al joven tribuno y regresó al monte a darse gracias a sí mismo por el triunfo que había obtenido.

2 de octubre de 2007, *El Nuevo Día*, San Juan, Puerto Rico

Esa mirada de Ernesto

Esa mirada de Ernesto, la que Mario Terán creyó apagar a las 13:10 horas del 9 de octubre de 1967, sigue mirando al mundo, cuarenta años después, con mucha más intensidad. Y lo hace desde los millones de afiches colgados, desde las camisetas de los jóvenes, desde las carátulas de los miles de discos que tienen canciones que se las han dedicado, desde las portadas de todos los diarios del mundo, desde las imágenes en la televisión, pero, más aún, desde la memoria colectiva que lo ha convertido en un icono de la humanidad.

Se podrá diferir de la ideología del Ché, de sus métodos de lucha, pero nadie puede dudar de su compromiso, de su valentía y de que puso la acción donde puso las palabras. He ahí el gran déficit de nuestra sociedad actual. La gente no cree en los llamados líderes de hoy porque se les doblan las rodillas a la menor presión, económica o política. Dentro de algunos años, ¿cuántos afiches tendrán la imagen del presidente George Bush? ¿A alguien se le ocurrirá componerle una canción que valga la pena? ¿Será capaz de mover un suspiro de emoción en algún joven del mundo, a cuarenta años de su muerte?

El 8 de octubre, Ernesto fue herido y apresado por los "rangers" bolivianos, entrenados por los boinas verdes norteamericanos. Fue conducido al pequeño poblado de La Higuera, donde fue encerrado en una escuelita. "Díganle a Fidel que él verá una revolución triunfante en América Latina y díganle a mi mujer que se case de nuevo y que intente ser feliz". Esta frase fue el último mensaje de Ernesto, aquel 9 de octubre, cuando Félix Rodríguez, un miembro de la CIA, le preguntó si quería decir algo antes de ser ejecutado. Después, conteniendo apenas su cuerpo por las heridas en la pierna y por el asma que lo asfixiaba, el Ché Guevara, el Comandamante, como lo llamó nuestro poeta nacional Juan Antonio Corretjer, dio la última orden, esta vez a su verdugo, Mario Terán, a quien observó vacilante y temeroso. Ernesto tuvo todo el coraje que le faltaba a su asesino y se abrió la raída camisa verdeolivo, descubrió el pecho y le gritó: "No tiembles más y dispara aquí, que vas a matar a un hombre".

La ráfaga de la ametralladora le atravesó el cuerpo y se derrumbó de costado, herido de muerte, para ser rematado, finalmente, por otros disparos. El suboficial que asesinó al Ché Guevara, ese 9 de octubre de 1967, en la escuelita de La Higuera, tuvo que recurrir al alcohol para llenarse de valor y poder cumplir la orden que le habían dado. Él mismo, luego, narró a la prensa que temblaba como una hoja ante aquel hombre a quien, en aquel momento, vio "grande, muy grande, enorme". Y el pobre infeliz que haló el gatillo, mientras cerraba los ojos por el miedo, no supo que las heridas mortales que le ocasionó hicieron estallar aquel corazón en mil pedazos, para seguir palpitando en los corazones del mundo entero. El Ché ni siquiera cerró los ojos después de muerto, para que su mirada siguiera acusando a sus asesinos y a los autores intelectuales de su muerte.

Hace poco, el hijo del asesino del Ché se presentó en la redacción del periódico *El Deber*, de Santa Cruz, Bolivia, pues quería que le publicaran una nota de agradecimiento a unos médicos que le habían devuelto la vista a su anciano padre, tras ser intervenido, quirúrgicamente, de cataratas, como parte de la Operación Milagro. Los médicos que realizaron esa operación resultaron ser cubanos quienes habían sido enviados por Cuba a un hospital donado a Bolivia por la Revolución Cubana —que junto a Fidel encabezó el Ché— inaugurado por el presidente Evo Morales, en Santa Cruz. Los galenos de la tierra de Martí supieron en todo momento a quien operaban.

Según la información sobre este dramático suceso de justicia histórica, "Mario Terán, no tuvo que pagar un solo centavo por haber sido operado por esos médicos cubanos y, aunque anciano, volverá a apreciar los colores del cielo y de la selva, disfrutar de la sonrisa de sus nietos y presenciar partidos de fútbol. Pero, seguramente, jamás será capaz de ver la diferencia entre las ideas que lo llevaron a asesinar a un hombre a sangre fría y las de aquel hombre, que ordenaba a los médicos de su guerrilla que atendieran por igual a sus compañeros de armas como a los soldados enemigos heridos".

Una encuesta reciente, realizada en la television argentina reveló, para sorpresa de muchos, que la figura del Ché superaba a la de Evita Perón, en respeto y admiración ante quienes participaron en el sondeo. Ese fenómeno se da en el mundo entero. La mirada de Ernesto sigue intensa, retadora, penetrante… y jamás será nublada por ningún tipo de cataratas.

9 de octubre de 2007, *El Nuevo Día*, Orlando, Florida

Riiiiing

—Hello, ¿quién me habla?

—¡Es George!

—¿Boy George, el de Culture Club? ¡Wow! Yo era fanático tuyo en los ochentas, aunque te vistieras de mujer para cantar.

—No, Fortuño, es George Bush, tu presidente.

—Mira Rivera Schatz, si crees que voy a caer de zángano para que después me estés gufiando por ahí, estás bien equivocado.

—Louis, soy yo, George W. Bush. Acuérdate que yo sé español (aunque sea para decirles a los mexicanos ¡lárguense de aquí!).

—Es que no lo puedo creer. Dígame algo que me pruebe que es usted.

—Eh... este... hum... la verdad es que no se me ocurre nada.

—Oh my God, entonces es verdad, es usted. Ay, perdón. Es que como estamos en primarias me tengo que cuidar de que los rossellistas no me cojan de lo que ellos aseguran que soy.

—Louis, te llamo por algo muy importante que se discute ahora mismo en Washington y que quiero que sepas mi posición.

—Sr. Presidente, usted no sabe cuán importante es esta llamada, y sobre todo, que haya sido su iniciativa. Cuando yo diga que usted, personalmente, me llamó, interesado en lo del estatus, va a ser un palo, es más, en Puerto Rico no me lo van a creer.

—Eh… ¿Estatus? ¿Qué es eso?

—¿No es por eso por lo que usted me llama, por la discusión que se lleva a cabo en estos días sobre el informe del comité de Casa Blanca, sobre el estatus de Puerto Rico?

—Ah… sí… creo que escuché que los muchachos se querían reunir para hablar de algo así en estos días, pero no tengo idea de qué es. No te llamo por eso.

—…

—Hello, Louis… are you there?

—Sí… estoy aquí.

—Te llamaba para que le votes en contra a esa resolución del Congreso que condena el supuesto genocidio del Imperio otomano. Los turcos son mis amigos y si se molestan, no podré pasar armas por su territorio para la guerra en Iraq, que, by the way, estamos a punto de ganar.

—Mr. President, es que yo soy co autor de esa resolución.

—So what? Le votas en contra y ya. Tienes que aprender de mí, si algún día quieres llegar a ser presidente: hoy dices una cosa y, luego, haces, totalmente, lo opuesto.

¿Cuento con tu voto?

—Eh… sí, como no.

—Ok. ¿Algo más que me quieras decir?

—Quiero saber su posición sobre la Estadidad para Puerto Rico.

—Te la digo si no la divulgas hasta después de que me haya ido de Casa Blanca.

—Prometido.

—¡Quiero la Estadidad para esa isla tuya!

—¡Yes!

—De la misma forma que quiero un puente para trotar entre la Tierra a la Luna.

—…

—Hello, Louis ¿algo más?

—Bueno, decirle que, al igual que usted, me siento muy feliz porque a Al Gore le hayan dado el premio Nobel de la Paz. Creo que es un gran honor para nuestra Gran Nación…

—Para, para, para… Ya me dañaste el día. ¿Tú no te das cuenta de que ese premio es un bofetón que me han dado en plena cara?

—Pero usted dijo a la prensa que estaba muy feliz con ello.

—Y, ¿qué te acabo de decir siete líneas antes? Que un político exitoso como yo, dice una cosa aunque piense, exactamente, lo contrario.

—Hablando de políticos exitosos, necesito mucho dinero para apabullar a Rosselló en la primaria de marzo. Usted que tiene tantos contactos con los ricos y poderosos, ¿me podría decir quién me puede dar una buena contribución para mi campaña?

—Anota este nombre y llámalo de inmediato: Miguel Vázquez Deynes. ¿Ok? ¡Bye!

16 de octubre de 2007, El Nuevo Día, San Juan, Puerto Rico

156

157

El gran escape de Aníbal

El chirrido de los portones abriéndose, lo despertaron. Sus ojos buscaron foco en la pantalla digital del reloj sobre la mesita de noche: 4:47 de la mañana. Desde abajo, se escuchaban voces que parecían discutir. Se deslizó suavemente hacia la escalerilla para evitar despertar a la Primera Dama en lo que comprobaba lo que estaba sucediendo. Los pilares de la cama parecían cuatro fantasmas que vigilaban sus movimientos. Siempre que le tocaba bajarse de aquel enorme camastro recordaba que los Kennedys habían dormido una noche en ella, a principios de los sesentas. Se acercó a la ventana, la entreabrió y comprobó lo que sospechaba. Habían venido por él. En la misma plazoleta donde, en los cincuentas, un puñado de Nacionalistas habían iniciado un ataque al Palacio de Santa Catalina, llegaban los federales, con armas largas y chalecos a prueba de bala. Tomó una respiración profunda, se puso un *jacket* rojo con capucha y fue a despertar a su mujer.

De un enorme baúl, a los pies de la cama, sacó un sofisticado equipo que, con la ayuda de ella, se colocó, de inmediato. Lo habían ensayado en innumerables ocasiones. Ahora los murmullos y pasos retumbaban en el pequeño túnel que conecta con el patio interior de la Fortaleza y con las escaleras que dan al segundo piso. Le dio un beso a la mujer y salió de la habitación. Tomó el elevador privado que lo condujo al patio interior. La escalera de madera estaba en el sitio indicado, recostada de la muralla. Subió por ella, pero un pequeño traspiés alertó a varios agentes que, al verlo, quedaron atónitos por unos instantes, sin saber qué hacer; fue suficiente tiempo para que él colocara la soga en la argolla que había sido incrustada en el tope de la muralla y, con una sonrisa burlona, se lanzara muralla abajo. Le tomó, como había calculado, dos minutos y treinta segundos. Cuando sus pies tocaron la orilla del Paseo de la Princesa, en el tope de la muralla había una decena de agentes que le gritaban, en inglés y español, que se detuviera. Corrió hacia el pequeño muelle y una manada de gatos, asustados por el ruido de un helicóptero que se acercaba, salió a esconderse entre las rocas del acantilado.

El Gobernador se quitó el arnés que le había permitido bajar por la muralla, se tiró al agua y nadó hasta desaparecer debajo del muelle. El helicóptero apareció por la esquina del Morro y, luego de dar varios círculos, se colocó justo encima del muelle. A pesar de la turbulencia que creaba en las aguas, un rojizo kayak salió a toda prisa en dirección a Isla de Cabras. El helicóptero se acercaba peligrosamente a la superficie acuosa pero, aún así, balanceándose milagrosamente, el kayak seguió avanzando. Los agentes que estaban en la Fortaleza ya llegaban al muelle. Desde el tope de la muralla, los canales de televisión iniciaron su programación noticiosa de las cinco de la mañana, con las imágenes del kayak rojo mientras escapaba hacia Isla de Cabras, el helicóptero encima de él y los agentes, sin saber qué hacer, en el muelle, observando lo que pasaba.

Cuando el kayak se acercó al pequeño islote ya había tres automóviles negros con varios agentes federales armados, en espera de la llegada del evadido. En la Fortaleza, la Primera Dama hacía los preparativos para dar una conferencia de prensa, que comenzaría, justo, cuando recibiera la señal indicada en el celular al que no le quitaba la vista. Ya en el muelle no quedaba un solo agente.

Justo a las cinco y cuarenta y siete, el kayak tocó tierra y una docena de agentes se arremolinaron alrededor de la pequeña embarcación. Uno de ellos se adelantó y con gran pomposidad anunció: "Señor Gobernador, está usted arrestado, voy a proceder a leerle sus derechos…" En esos momentos, una camioneta de la Guardia Nacional se detuvo en el muelle de donde había salido el kayak. Al otro lado de la bahía, en el Salón de los Espejos, la Primera Dama recibió la esperada señal en su celular y procedió a repartirles un comunicado de prensa a los ansiosos reporteros.

Mientras el agente le leía sus derechos al arrestado, éste se quitaba el *jacket* rojo y la capucha. Los agentes federales estadounidenses no entendieron el porqué de la expresión de asombro de los agentes locales y de la inevitable carcajada de uno de ellos, al tiempo que exclamaba: "¡Este no es el Gobernador, es Gualbert, el de No te Duermas!"

El Gobernador salió del muelle donde había estado escondido y subió a la camioneta que conducía Willie Miranda Marín: "Jefe, la resistencia ha comenzado. Menos Báez Galib, el resto del liderato ha respondido a mi llamado. Nos vamos a encontrar a las 9:39 en la entrada de El Yunque".

En el Salón de los Espejos, los reporteros leían atónitos el comunicado que explicaba con lujo de detalles la planificación y ejecución del gran escape del Gobernador. En la camioneta rumbo a las montañas, Willie comenzó a cantar… "tú no sabes nada… de la vida."

6 de noviembre de 2007, *El Nuevo Día*, San Juan, Puerto Rico

161

Que el pueblo decida

Las protestas en Orlando y en Caracas, en contra de la propuesta reforma que le daría al presidente Hugo Chávez poderes extraordinarios apuntan hacia una situación muy neurálgica que podría llevar a los afectados, de un bando y de otro, a asumir posturas que, en el caso más parecido, el del exilio cubano; no ha funcionado.

Sin lugar a dudas, las preocupaciones que muestran quienes protestan son auténticas. Depositar todo el poder en una persona que se presenta con ínfulas mesiánicas no es saludable. Medidas que restrinjan la libertad de expresión siempre son objetables. Quienes en los Estados Unidos combaten éstas medidas, que podrían ser refrendadas por el pueblo venezolano en una votación, deben enfocar todo su esfuerzo en convencer a ese pueblo de que no avale con su voto lo propuesto.

Las emociones logran, en casos como estos, encender las pasiones, de tal manera, que se pierde la objetividad y los objetivos. Eso le pasó al exilio cubano y, en la medida que pasan los años, más se distancian de lograr lo que en una ocasión llegó a ser un objetivo común. La demonización de una figura, Fidel Castro antes, Chávez ahora, logra exaltar los ánimos, pero desvía la energía en dirección equivocada. En esto aplican las técnicas que, recientemente explicaba en una de mis columnas: que uno crea más de lo que es su pensamiento predominante. Me explico: si en lugar de plantear los cambios que se quieren hacer a la reforma, la discusión se centra en la figura del mandatario, se le tilda de dictador y comunista, indirectamente, se fomenta eso mismo que se critica porque se dirige la energía hacia ese otro objetivo y no en explicar por qué no es conveniente lo planteado.

Los venezolanos saben que la fuerza de Chávez está en esos marginados que veían con indiferencia, desde sus arrabales, el juego político de los partidos tradicionales, convencidos de que independientemente de quien ganara las elecciones, su situación no cambiaría. Esos marginados, cuando les toca el momento de ejercer el poder, lo hacen de forma dramática, como dramática ha sido su situación de pobreza. No les importan esos derechos que ahora reclaman las clases sociales que antes ejercían el poder ya que nunca fueron beneficiados por esas libertades que ahora temen perder. ¿Les importa que haya o no periódicos o estaciones de radio si estas nunca sirvieron para que se escucharan sus voces? ¿Les importa el balance de poder cuando antes, cuando había ese balance, ellos seguían marginados de los acontecimientos políticos? ¿Les importa que ahora no haya algunos alimentos si nunca los tuvieron?

Desconocer esta realidad puede llevar a juicios precipitados y a desenfocarse de unas realidades que, para quienes vivimos con otros marcos de referencias, no nos son fáciles de entender. La gran labor que hay que hacer es meterse a ese pueblo para convencerlo de que, con su voto, avale aquellas cosas que le convienen y niegue las que no lo benefician. Tirarse a la calle a protestar y buscar nuevos epítetos en contra de un líder, obviamente carismático, es fácil. La labor de convencer es lo difícil. Mientras Chávez, a diferencia de Fidel, consolide su poder gracias a los votos de la mayoría de los venezolanos, va a ser difícil justificar internacionalmente alguna intervención estadounidense en su contra. Es con los votos, y no en la calle, como único se le podrá derrotar, si es que eso es lo que se quiere. Si la idea es sólo armar bulla... van bien muchachos, van bien.

6 de noviembre de 2007, *El Nuevo Día*, Orlando, Florida

Hay veces que se gana al perder y se pierde al ganar. En Venezuela ganó el *No* a las reformas propuestas por Hugo Chávez y ganó la democracia, así como la confianza de la gente en sus instituciones. Cháves y su propuesta socialista, hubiera tenido una victoria pírrica si hubieran ganado por un margen bien pequeño. Sin embargo, para la oposición, ganar, aunque sea por poco, es un gran paso de avance en comparación con las derrotas de comicios anteriores.

Pero el gran triunfo para la democracia venezolana ocurrió a eso de la una y treinta de la madrugada cuando, más calmado de lo usual, pero sin perder su retórica pueblerina y su sentido del humor, Chávez aceptó la derrota y libró, así, a su pueblo de una incertidumbre que hubiera creado una gran inestabilidad política. Los procesos democráticos triunfaron. Los Estados Unidos querían que Chávez cometiera la locura de desconocer su derrota para así tener una buena excusa para intervenir, más abiertamente, en la tierra de Bolívar. Pero esta vez la sabiduría dominó sobre los arranques emocionales que en demasiadas ocasiones le han traído problemas internacionales a Chávez.

Para quienes observamos lo que ocurre en ese país hermano a través de la ventana de los medios de comunicación resulta obvio que la causa directa de la derrota fue la gran abstención en la participación electoral. La pregunta inmediata que habría que hacerse es, ¿por qué se abstuvo la gente? La contestación honesta a esa pregunta le puede dar la clave a Chávez para retomar la ruta ganadora en futuras consultas. Me parece que la base de poder de Chávez es la gente de las barriadas, los marginados, quienes antes no participaban de los procesos electorales. Esto de transformaciones a la Constitución no lo entienden fácilmente esas masas. No le ven el efecto inmediato en su vida cotidiana y no los entusiasma el ir a participar. Si a eso le sumamos una campaña mediática muy poderosa, de miedo a darle más poder a Chávez que era presentado como un pichón de Fidel Castro, podríamos entender el porqué de la gran abstención.

En consultas electorales como ésta, sucesos como el cierre reciente de una estación de televisión y el incidente con el rey Juan Carlos, suelen inclinar la balanza cuando la cosa está muy cerrada. Chávez no se va a quedar con esta derrota en las costillas. Astuto como es, lo veremos llevándole al pueblo, esta vez por cucharadas, lo que no pudo hacer de un solo golpe. Ya lo dijo en la madrugada del lunes: "por ahora… por ahora, esta reforma no va". La oposición tiene ahora una plataforma sobre la cual organizar, más efectivamente, su oposición a Chávez, pero deben reconocer que el crecimiento de la masa opositora fue pequeño: aún ronda los cuatro millones de votantes. Para Chávez, sin embargo, que cuatro millones voten a favor de las reformas socialistas que propuso es significativo en una Venezuela donde hace diez años ni se podría soñar con un apoyo a planteamientos de esta índole. No hay dudas de que si Chávez logra llevar a votar a tres millones de venezolanos, que antes lo apoyaron y que esta vez se quedaron en sus casas, su ruta al socialismo está asegurada.

4 de diciembre de 2007, *El Nuevo Día*, Orlando, Florida

Il Divo o Los auténticos

Subió el telón en el Choliseo. La orquesta irrumpió con fuerza con una obertura en la que la sección de cuerdas tomó el primer plano. Luego, aparecieron ellos: "Los divos", también conocidos como "Los auténticos". Son cuatro, impecablemente vestidos, siempre respaldados por un coro compuesto de dos féminas, que han mantenido una auténtica unidad. Desde sus inicios, los divos se ganaron una entusiasta fanaticada, sobre todo, por el primer hit que pegaron, obviamente, en inglés: ***Don't push it, Pedro***. Se mantuvieron unidos por los primeros dos años de éxitos, pero el ego, ese virus maldito que tanto corroe el espíritu, empezó a hacer su efecto y la autenticidad se fue perdiendo. Las individualidades comenzaron a aflorar y las cuatro voces dejaron de ser un cuarteto para convertirse en cuatro solistas.

Carlos Díaz, tenor de voz apagada y frágil constitución física, se hizo famoso por el primer video que grabó: el Video 59, en el estacionamiento del Capitolio, con la canción ***Yo no la besé***. Por la Internet, por todas las estaciones de televisión y hasta por medio de gráficas en los periódicos, se pudo ver el famoso Video 59. Su promotora, Norma Burgos, hizo una excelente labor de difusión que lanzó a Díaz a la fama. Como todo en la vida, un tiempo después, el Video 59 pasó al olvido y su protagonista también. Pero este fin de semana, con motivo de la presentación en el Choliseo, que muchos especulan que será la despedida del cuarteto, Carlos Díaz volvió a brillar, esta vez casi por su ausencia, ya que se la pasa viajando gracias a sobre 30,000 dólares de fondos públicos que ha gastado en visitas al extranjero. Mientras cantaba la famosa canción italiana *Volare*, el público rabiaba.

Contrario a Díaz, el auténtico Orlando Parga, un bajo de voz muy clara en los registros graves, se ha destacado por la profundidad de los temas que ha escogido cantar. Su éxito *Paseo Caribe* está en boca de todos y mientras la cantaba en el concierto que reseñamos, toda la sección de la parte izquierda del Choliseo le hacía coro. Parga decidió seguir una carrera como solista, alejado del sello disquero Palma Records con el que los otros "auténticos" pretenden seguir grabando, esto a pesar de que el Presidente de dicha compañía ha expresado que tendrán que pasar sobre su cadáver antes de volver a grabar bajo dicha firma discográfica. Don Orlando está, actualmente, bajo ataque del más divo de todos los divos, Jorge de Castro Font, quien lo quiere expulsar de mala manera del grupo. Pero a este otro divo iremos al final de este escrito.

Kenneth McClintock se supone que sea la figura principal de los "auténticos", pero su personalidad flemática lo ha llevado a hacerle, exclusivamente, la segunda voz a De Castro Font y a mantener las armonías del grupo, en muchas ocasiones precarias. Sus éxitos, *I'm cool* y *Míster Dumb* tuvieron mucha acogida en el concierto, en especial, entre las masas populares ubicadas en el centro del área de arena. Su anuncio de que se retira de la gira de Los auténticos no ha sorprendido a nadie pues, tal parece, que se dedicará a una carrera diplomática, se especula que como Secretario de Estado, en caso de que Luis Fortuño gane la gobernación en 2008.

171

Jorge de Castro Font es, sin lugar a dudas, el más destacado, mejor dicho, el más notorio de "Los auténticos". Comenzó su participación con la canción *O código civil,* la cual cantó totalmente de espaldas a un enorme grupo de homosexuales que se encontraban en la sala. Pasó, entonces, a interpretar *El Supremo soy yo,* la cual les puso los pelos de punta a los asistentes. Continuó con el éxito del español Raphael, *Provocación,* la cual, burlonamente, dedicó al grupo de reguetón *Amigos del Mar,* del famoso cantante Tito Kayak. Para cantarla, bajó hasta la extrema derecha del Choliseo, donde un grupito de gente pagó grandes sumas de dinero por verlo actuar. Pero el resto del público, cansado de sus interpretaciones, comenzó a abuchearle, cosa que a él no le importó y siguió cantando. Esto enervó a la audiencia de tal manera, que la policía tuvo que intervenir. Pero detrás de la línea de anabólicos y esteroides, se siguió escuchando a Ñañito, como se le conoce en el ambiente artístico, mientras entonaba la canción de su autoría *I'm so full of myself.*

La presentación de Il Divo en el Choliseo fue una velada inolvidable. A excepción de Parga y las coristas, Lucy y Migdalia, el público espera que esta sea la última oportunidad de ver en escena a estos divos de la política puertorriqueña.

18 de diciembre de 2007, *El Nuevo Día,* San Juan, Puerto Rico

OREJITAS

172

Regalos del elector aguzao
para los políticos

- **A José Aponte** – un curso de básico de matemáticas para calcular el IVU.
- **A Jennifer González** – flores de la Floristería de Julito Labatud.
- **A Tomás Rivera Schatz** – una beca para la escuela de procedimiento parlamentario de Jorge de Castro Font.
- **A Norma Burgos** – la administración de Blockbuster Video.
- **A Orlando Parga** – el penthouse de Paseo Caribe.
- **A María de Lourdes Santiago** – un torneo para definir el campeonato de abstenciones entre ella y Sila Marie González Calderón.

- **A Rafael Hernández Colón** – una escolta permanente de policías que ya han sido removidos de sus cargos.
- **Carlos Romero Barceló** – un entrenamiento gratis con Miguel Cotto.
- **Jorge Santini** – un debate, cuerpo a cuerpo, con Ferdinand Pérez donde Héctor O'Neill sea el referí.
- **A Aníbal Acevedo** – el perdón presidencial de Barack Obama.
- **A Luis Fortuño** – un despojo en la Fortaleza coordinado por el alcalde de Loiza.

AÑO 2008

El baño de la pequeña Lulú

PEPE, PIPO Y PAPO

Son tres amigos que se reúnen los viernes en la placita del mercado en Santurce y se van al restaurante *El Popular* a picar y a picarse. Pepe es popular del corazón del rollo. Estaría dispuesto a ir preso por Aníbal si es que este, finalmente, fuera acusado por la alicaída investigación federal. Pipo se identifica siempre como independentista, pero baja la voz cuando lo dice. En las pasadas elecciones fue uno de los llamados "pivazos", aunque, en estos momentos, está indeciso de repetir la acción de votar popular aunque sea independentista. Papo es popular de los del "ELA como está", pero en el 1996 fue parte del millón de puertorriqueños que le dio el voto a Rosselló. Ahora está dispuesto a cualquier cosa con tal de cerrarle las puertas al notorio doctor. Por eso, el día que una tal doña Julia, en el programa de radio de Rubén Sánchez, dijo que iba a votar en las primarias del PNP por Luis Fortuño, a pesar de ser popular, Papo dejó de sentirse solo y se convirtió en un "poputuño".

—Tú me perdonas, pero si haces eso, tú no eres un popular de verdad— le dijo Pepe, concentrado en la cerveza que abría.

—¡Qué bonito! Cuando Pipo dio el pivazo recuerdo que, aquí mismo, tú que caminas con los codos, lo invitaste a una langosta— le contestó Papo, quien subió la voz y atrajo la atención de quienes, en la barra, discutían acerca de si ya el volibol le había comido los dulces al baloncesto.

178

—Pepe, Papo tiene razón— argumentó Pipo al tiempo que botaba pedacitos de arañitas de plátano por la boca, por la secuencia de p que acababa de pronunciar. Yo te voy a decir una cosa, a mí Fortuño me caía bien y fíjate que dije *me caía*, en pasado, porque ahora, para conquistar los votos de los del corazón del rollo de la palma, cosa que no va a lograr aunque se arrastre como vil culebra a pedir perdón a los pies de Rosselló, habla de los separatistas y está metiendo miedo con eso, como si estuviera poseído por el espíritu de doña Miriam Ramírez.

—Eso es verdad— dijo Pepe y se puso de pies para darles más énfasis a sus palabras—. Los de Rosselló primero se cortan la mano antes de votar por Fortuño. Además, si yo voy a votar por un penepé que piensa así, no voto por la imitación, voto por el original, que es Rosselló.

—Yo creo que ese mensaje que tiraba Fortuño, a quienes iba dirigido era a los populares como yo, que no nos hace mucha gracia ese junte de Aníbal con los independentistas. A mí, aquel discurso que el Gobernador dio en Comerío, donde poco le faltó para decir ¡Patria o muerte, venceremos!, me preocupó.

—Mira, Papo, tú lo que pasa es que eres un estadista asustao, que no te atreves a serlo y te escondes en el ala derecha de los populares. ¿Para qué rayos te vas a presentar en una primaria penepé a votar, si no eres penepé?— dijo Pipo mientras abría su segunda cerveza.

—Para parar cualquier remota posibilidad de que Rosselló aparezca en la papeleta.

—Pero tú serás zángano. Si Aníbal a quien se puede ganar es a Rosselló. Ya que vas a votar allá, por quien deberías votar es por Rosselló.

—¡Y si sale y después los federales le hacen la puercá a Aníbal! Rosselló entonces tendría el *break*.

—¿Y tú qué vas a decir cuando llegues al colegio electoral y la guardia nazi de Tomás Rivera Schatz te detenga, te pase por el cuerpo el detector de populares que mandaron a hacer a Alemania y te recusen?

—Les diré que yo tengo el derecho de levantarme popular y cambiarme al penepé mientras me lavo la boca, ir a votar y arrepentirme cuando llegue a la casa, y ellos no me lo pueden impedir.

—¿Y si te lo impiden?

—Fortuño va a tener un ejército de abogados para defender, allí mismo, nuestros derechos.

—Hum. Eso está por verse. ¿Cuántos abogados van a dejar ese día de ir a sus casitas de campo para irse a un colegio electoral a coger insultos de Casillas y su claque?

—Fortuño lo va a tener que hacer, pues solamente con la gente del penepé se le va a ser difícil ganarle a los del culto al Mesías. Acuérdate de que esos de Rosselló quieren ser norteamericanos, pero se comportan como seguidores del dictador Trujillo. No aprenden de la forma civilizada en que se llevan a cabo las primarias en los Estados Unidos.

Y mientras continuaba a todo dar esa discusión, por los alrededores de la placita del mercado, varios deambulantes y drogadictos seguían en lo suyo, convencidos de que no importa quién gane, su realidad no va a cambiar.

15 de enero de 2008, El Nuevo Día, San Juan, Puerto Rico

CUATRO TEMAS, CUATRO CUADRAS

La calle San Sebastián, además de ser el punto de jolgorio más espectacular del Planeta, durante los días de sus famosas fiestas, también se convierte en una especie de asamblea democrática de la antigua Atenas, donde los ciudadanos discuten, a viva voz y con un cadencioso ritmo de plena de fondo, los más interesantes temas de la actualidad.

En la esquina de la San Justo:

—¿Cómo es posible que en este país, a diferencia de todos los lugares del Mundo, se pretenda cambiar la Constitución para quitar derechos en lugar de dar más derechos?

—Sencillo: porque los fundamentalistas religiosos chantajean a los politiqueros a quienes lo único que les preocupa es el voto, y, en año de elecciones, los ponen en tres y dos con cosas como estas, de la enmienda 99.

—¡Pero es que serán brutos! Por la homofobia de evitar que las parejas homosexuales puedan tener derecho a casarse son capaces de poner en peligro a las cientos de miles de familias formadas por parejas heterosexuales que, simplemente, conviven porque no creen en el matrimonio.

—Tú lo dijiste, es que son brutos, no distinguen entre el aspecto religioso del matrimonio, que es un asunto de quienes van a determinadas iglesias y la parte legal de las uniones de las parejas, que nada tiene que ver con la religión.

—El político que yo coja metido en mi cama, le voy a hacer lo que Lorena Bobbitt le hizo a su marido, pero con mi voto el día de las elecciones.

En la esquina de la Cruz:

—¿Oíste lo último del Mesías Rosselló? Ahora propone perdonar a los corruptos con un solo acto de arrepentimiento.

—¡Qué descarao! Eso es para poder sacar de la cárcel a Víctor Fajardo, a Vázquez Botet, a Marcos Morell y a los otros cuarenta ladrones, en caso de que gane las elecciones, para que le recojan dinero sin él ensuciarse.

—Yo me imagino el acto: allá abajo, en la Plaza del Quinto Centenario, todos ellos con ropas de preso, llenan la plazoleta. En una tarima, Rosselló, con La Biblia en la mano, les pide que juren, que se arrepientan de haberse robado hasta los clavos de la cruz sin que él se diera cuenta. Todos dicen que sí. Como parte de la ceremonia, cae una cortina negra que los rodea y, en cuestión de segundos, la cortina sube y aparecen vestidos con gabán y corbata. Por la Norzagaray, entran unas limusinas negras que los recogen, los llevan al Capitolio y, allí, la nueva unicámara penepé, presidida por Tomás Rivera Schatz, les extiende nuevos nombramientos, como jefes de agencias, y salen, perdonados y renovados, de nuevo a robar.

En al esquina de la San José:

—Nos tienes que apoyar. ¡La huelga va!

—Yo te voy a decir algo. Ustedes se dejaron meter ese paquete bajo la administración de Rosselló: sindicación sin derecho a huelga y pataletearon, pero lo aceptaron. Ahora no me vengan a pedir que los apoye cuando quieren retar a eso en los tribunales y chavarles el convenio a los miles de empleados públicos que están cobijados por esa ley. Ese muerto no lo cargo yo. Que lo cargue el que lo mató.

—La Utier y otros sindicatos nos apoyan.

—Y otros no. Y se vuelve a crear la división en este pueblo. Y divididos no vamos para ningún lado. Si todo el movimiento obrero se hubiese puesto de acuerdo para retar esa ley, que te acepto que es antiobrera y hay que cambiarla, pero con una estrategia en común, no impuesta por los aspirantes a Marx y Lenin que andan trasnochados por ahí; hubiese sido otro cantar.

En la esquina de la Cristo:

—¡Mira! ¡Ese es Tito!

—¡Tito! ¡Tito! ¡Tito!

—¿Pero Tito no estaba en New York para pelear con Roy Jones?

—No seas bruta, ese es Tito Kayak.

—¡Tito! ¡Tito! ¡Tito!

—¿Se irá a subir al Tótem?

—Con ese bacalao que tiene en la mano, lo dudo.

183

—Vamos a sacarnos una foto con él.

—¿Viste? ¡Qué casualidad! Habla como el otro Tito. Parece que fueron al Chemo Soto School of Languages.

—No jodas con ellos que esos son nuestros héroes nacionales.

—¿Y qué pasó con el otro Tito?

—Que Roy demostró que los "jones" de su apellido no son de gratis.

22 de enero de 2008, *El Nuevo Día*, San Juan, Puerto Rico

Los talibanes boricuas

Yo he conocido cantores
que era un gusto el escuchar,
mas no quieren opinar
y se divierten cantando,
pero yo canto opinando
que es mi modo de cantar.

Martín Fierro

Hay un gran silencio en el liderato pensante del País sobre dos asuntos peliagudos, que no hay forma de manifestarse sobre ellos sin que te caigan chinches: la huelga anunciada por la Federación de Maestros, en su reto a la ley 45, y la propuesta enmienda 99 que busca elevar a rango constitucional el matrimonio sólo entre el hombre y la mujer. La razón por la que tanta gente guarda silencio es que hay temor al fundamentalismo, estilo talibán, prevaleciente en algunos de los bandos que batallan a favor de dichas medidas o en su contra.

El sistema educativo puertorriqueño hay que virarlo patas arriba, pues no les sirve a los mejores intereses de la educación de nuestro pueblo. Hacerlo requiere de la unidad de esfuerzos del Gobierno, la legislatura, los maestros, los padres y demás organizaciones civiles. La huelga anunciada por la Federación de Maestros no parece ir en esa dirección. Lo que se piensa en la calle es que lo único que les preocupa es conseguir un aumento de salario para sus representados. No se les escucha proponer cambios sustanciales a la educación del País. Se les ve más en la confrontación y en el conflicto, que en la búsqueda de opciones que beneficien a nuestros niños. Si lo hacen, han fallado en comunicarlo, de forma efectiva, a través de los medios.

El salario de los maestros hay que mejorarlo sustancialmente y hay que darles los recursos mínimos que necesitan para ejercer su labor. Atender, con urgencia, esa realidad, necesita de la búsqueda de consenso. Para ello, el Gobierno tiene que regresar a la mesa de negociación y, de ser necesario, echar atrás la descertificación que se ha hecho de ese sindicato. Pero los federados tienen que ser consistentes. Por un lado usan una retórica revolucionaria y por otro, se van a pedirles a los federales, que en este momento están en su punto más bajo en la opinión pública, que sean árbitros en esta controversia, lo que los valida como un elemento esencial en la vida de nuestro país. ¡Horror de horrores!

La Ley 45 es altamente defectuosa, pero de ella dependen, en estos momentos, muchos beneficios logrados para sobre 100,000 trabajadores públicos. Hay que cambiarla. Tildar de traidor a todo el que no siga la ruta que la Federación ha establecido, no es la mejor forma de hacerlo. No nos olvidemos, que en este caso el patrono es el pueblo, quien, con sus contribuciones, paga cualquier reclamo que se pueda aprobar.

En el caso de la propuesta enmienda 99, que busca cambiar la Constitución y elevar a rango constitucional sólo el matrimonio entre el hombre y la mujer observamos que la base de la medida es el miedo. El miedo es la antítesis del amor y cuando no hay amor, se es capaz de discriminar, destruir y aniquilar. No he escuchado a nadie, de quienes defienden la propuesta enmienda, que no argumente por temor a que los homosexuales se puedan casar. Para ello, parten de lo que consideran son sus principios religiosos. Yo tengo unos principios religiosos que rigen mi vida. Pero pretender imponérselos a la sociedad civil, cuando está, claramente establecida una separación entre Iglesia y Estado, es talibanesco. ¡Y financiar con fondos públicos dicha movida, peor!

187

Varios estados en los Estados Unidos, influenciados por el fundamentalismo que ha llevado al presidente Bush a la guerra en Iraq, han establecido esta enmienda y ya se han visto los resultados: les han quitado derechos de servicios médicos a parejas que no se ajustan a la nueva definición. En otros, se han violado las leyes de violencia doméstica, pues ya no aplicarían a parejas que no sean "matrimonio" según la nueva definición constitucional. En Puerto Rico, oficialmente, hay más de 300,000 familias que no se ajustan a dicha definición matrimonial y el efecto de esta enmienda tendría graves consecuencias económicas y legales para ellas.

Si matar es un pecado grave, ¿por qué no se ha hecho una movilización así para elevar a rango constitucional la prohibición de ir a la guerra y callan ante el genocidio en Iraq? Lo más triste es que líderes religiosos serios, que han hecho grandes aportaciones a la búsqueda de consenso en el País en situaciones críticas, hayan caído en el juego de ciertos políticos que traen esto a colación, en este momento, para ganarse los votos de grupos religiosos, porque ya no tienen una base política que los apoye. Ver a queridos líderes espirituales de la mano de los Jorges, de Castro Font y Rashkee, es preocupante. Están a tiempo para rectificar.

En ambos casos, con la ley 45 y con la enmienda 99, hay que manifestarse con responsabilidad y valentía, pues si los talibanes son malos en otras latitudes, acá también lo son.

188

29 de enero de 2008, *El Nuevo Día*, San Juan, Puerto Rico

EL BAÑO DE LA PEQUEÑA LULÚ

La honorable Representante a la Cámara, Lourdes Ramos, del Partido Nuevo Progresista, le ha hecho una gran aportación al análisis que hace el electorado, a casi un mes del proceso primarista, para decidir quiénes integrarán la lista de los que habrá que cantarles, como lo hace el Gran Combo: "pa' fuera, pa' la calle, échalos pa' abajo, que son un peligro arriba". Aunque es muy probable que ya ella estuviera en ese selecto grupo, su buen gusto por los baños lujosos, revelado por la prensa la semana pasada, tiene que haber ayudado a que se reforzara la decisión de incluirla.

Ya Jorge de Castro Font, por lo que hemos visto en los últimos meses relacionado con Paseo Caribe, la Enmienda 99 y los nombramientos en el Tribunal Supremo y la Procuradoría de la Mujer, encabeza el catálogo de los candidatos a ser ajusticiados en la primaria de marzo. Carlos Díaz, el del video 59 y los 30,000 dólares en viajes con los dineros del pueblo, también se disputa el liderato de ese clan.

La pequeña Lulú es una furibunda defensora de Pedro

Rosselló y, por lo tanto, integra la línea frontal de defensa y ataque del Presidente de la Cámara, el no menos notorio, José Aponte. Como su líder, se llenó los pulmones para gritarle al Gobierno que "se ajustara a una prudente política fiscal de austeridad e hiciera una urgente revisión de la escala de prioridades en el gasto público", cuando Aníbal Acevedo Vilá pidió que le aprobaran más dinero en el presupuesto. Lulú reclamó en aquel momento "que el dinero que, con tanto sacrificio, aportaba la clase trabajadora al erario, se utilizara en aquellos programas y servicios que mejor sirvieran al adelanto de una vida de más calidad para todos los puertorriqueños, en lugar de utilizarse en nimiedades o en asuntos que no requerían urgencia".

Al Conocer esas profundas convicciones de la pequeña Lulú, no pude creer, de primera instancia, que ella se gastara 50,000 dólares en la remodelación de un baño, en su oficina del Capitolio, según denunció la prensa. Me puse a investigar. Descubrí que la cortina no es una cortina cualquiera. La misma permite que la Representante vea hacia afuera, pero le evita el disgusto a cualquiera que, inadvertidamente, entre al baño en el momento en que ella se da una duchita para refrescarse después de un acalorado debate. Dicha cortina emite unas Hondas de calor que secan el hermoso cuerpo de la pequeña Lulú cuando ésta sale de la ducha y evita, así, gastos excesivos en toallas.

El espejo del baño de Lulú es una réplica de aquel espejo mágico que usaba la reina mala en Blancanieves. Cuando Lulú se mira en él, sobre todo después de haber caminado varias horas junto a Pedro Rosselló en su no-campaña y está desgreñada y sudada, el espejo le dice que ella es más bonita que Iris Miriam Ruiz, Albita Rivera y Jennifer González.

Sin embargo, es en el inodoro en el que la Representante se botó. Obviamente, se buscó un Toto, la marca más conocida en el mundo, en este tipo de aparatos para el baño. Ella necesitaba un Toto nuevo y encontró lo más avanzado en la tecnología. Cuando te sientas, unos sensores determinan el nivel de estrés en tus nalgas y procede a darte un masaje adecuado a tus necesidades. Mientras disfrutas del masaje, arriba, en la parte de la cabeza, se activa un secador de pelo y, de esta manera, economizas tiempo y dinero en el salón de belleza. Una vez terminas con las actividades fisiológicas que te llevaron a sentarte en el trono, comienza un proceso de lavado y secado, como un "car wash" en miniatura, que resulta en una gran economía en papel de inodoro. Los sensores también detectan si llevas más de cinco años sin hacerte una colonoscopía y, si la necesitas, te la hace. En el espejo mágico se proyectan, de inmediato, los resultados.

191

Pero en lo que el Toto de la honorable Lulú se bota es en el reciclaje. El sofisticado sistema recicla los desperdicios, los convierte en materia gris y, a través de la secadora de pelo, los trasfiere al cerebro de la Representante. Eso explica el contenido de lo que habla en el hemiciclo de la Cámara, a la hora de discutir proyectos de gran envergadura. Al tomar en consideración todo lo anterior, no creemos que se debe juzgar mal a la pequeña Lulú a la hora de decidir por quién votar en las primarias. Su nuevo Toto, a un costo de 50,000 dólares, tal vez haga que muchos voten por ella. Lo cierto es que sus capacidades son un desperdicio en la Cámara de Aponte. Y a mí me enseñaron desde pequeño que los desperdicios se botan al zafacón.

5 de febrero de 2008, *El Nuevo Día*, San Juan, Puerto Rico

Hay líderes que convencen, algunos motivan, pero muy pocos inspiran. Inspirar es enviar un mensaje que pase de la mente al corazón y que provoque una acción que trascienda. Cuando inspiramos, iluminamos el entendimiento de una persona, de una empresa o de un pueblo, y movemos su voluntad. Inspirar es un acto del espíritu, por tanto, de nuestra verdadera esencia. Cuando una persona, grupo o pueblo se siente inspirado, rompe paradigmas y crea lo que nunca antes había creado. Para inspirar, nos tenemos que alejar de la zona cómoda, de lo pragmático, de lo preconcebido, de lo predecible y entrar en el mundo de las posibilidades infinitas. Lo anterior explica el fenómeno que ha sucedido con la candidatura del senador Barack Obama, del Partido Demócrata, para la presidencia de los Estados Unidos.

Luego de ocho años de la pesadilla que ha provocado el reinado de George Bush, tal parece que la mayoría del pueblo norteamericano se quiere distanciar, lo más posible, de todo lo que le huela a oficialismo. Dicen que cuando el discípulo está listo aparece el maestro y, casi de la nada, ha salido Barack Obama para inspirar a los estadounidenses. Contra la inspiración no hay pragmatismo, estrategia o dinero que valga. En el semblante de los Clintons se nota que luchan contra un intangible que resiste cualquier análisis estratégico.

194

En estos últimos debates se ha dado un juego de tenis interesante. Obama, quien se sabe al frente, ha jugado a no cometer errores, desde la línea de base se ha dedicado a pasar la bola por encima de la malla y esperar que los errores los cometa Hillary, quien es la que tiene que ganar los puntos. Ella ha tratado de irse a la malla y cada vez que lo ha hecho, él la ha pasado. Los pequeños errores que ella ha cometido, como insistir en la falta de experiencia de él y acusar a los periodistas de favoritismo, se ven más grandes por el hecho de que él se mantiene incólume.

La pena es que lo acalorado de los últimos debates y, principalmente, lo que Hillary ha dicho de Obama, la inhabilita para ser seleccionada como su vicepresidenta. La dupla Obama-Clinton hubiera sido poderosísima, enviaría al mundo un mensaje contundente sobre el cambio dramático que los Estados Unidos daría. Es lógico suponer que, de salir Clinton, escogería a alguien que no fuera Obama, y viceversa. De todas formas, sea uno o el otro, hay un cambio de paradigma en los Estados Unidos. Desde hace muchos años, el pueblo no se sentía tocado en su espíritu. El hastío de la guerra, el extremismo fundamentalista de derecha y la crisis económica en la que está la Nación, nos secaron el alma. Por eso no queremos oír las cifras, los datos específicos, las estadísticas y las propuestas concretas de Hillary. Queremos un sobito en el alma y eso es lo que el discurso de Barack Obama nos está dando. Por eso, los actores, músicos y la gente de sensibilidad, en términos generales, se han movido, espontáneamente a apoyarlo. ¡Y cuidado! Los grandes cambios en la historia de la humanidad no se han dado de forma pragmática. Se han dado bajo la influencia de la inspiración. Esta noche, cuando nos lleguen los resultados de las primarias en Texas y Ohio, veremos si Objetivo Obama sigue su ola avasalladora.

4 de marzo de 2008, *El Nuevo Día*, Orlando, Florida

SE CUMPLIÓ LA PROFECÍA

Se creyó el Mesías y, como tal, fue crucificado por los suyos. ¡Se cumplió la profecía! El 15 de marzo del 2003, cuando fue recibido con ramas de palma a su regreso de Virginia para salvar al País, inició la ruta hacia un callejón sin salida. Se enfrentó a Carlos Pesquera y lo venció, pero en el camino, Luis Fortuño mandó al retiro a Carlos Romero Barceló en la primaria para Comisionado Residente. Charlie Rodríguez y doña Miriam Ramírez no cogieron la indirecta del retiro que, en aquel momento, les mandó su propio electorado.

Pedro Ghandi, perdón; Pedro Mandela, perdón; Pedro el católico-protestante, quien nunca se enteró de la corrupción rampante que ocurría frente a sus narices, perdió las elecciones del 2004, pero a estas alturas aún no lo ha aceptado. Ya es tarde. Su egosaurio, instigado por una estación de radio, lo llevó a querer un escaño senatorial que no se había ganado. Encontró un tonto útil que se lo cedió y, como no se conformó con eso, quiso presidir el Senado. Aquí se empezó a dar el primer capítulo de la película *The revenge of the nerds*. Un grupo de senadores, capitaneados por Kenneth McClintock, le negó ese deseo y por tres años se libró una batalla campal en el hemiciclo de la Cámara Alta, con insultos, agresiones físicas y expulsiones del Partido Nuevo Progresista a quienes no se allanaron a su capricho.

198

De cara a las elecciones del año 2008, creyéndose por encima de los demás, borracho de arrogancia y prepotencia, dijo que, ya que sus incondicionales le rogaban que corriera para Gobernador, él permitiría que pusieran su nombre en la papeleta, pero no haría campaña. Hizo una supuesta no-campaña, que se convirtió en una nueva burla a la gente pensante de este País. El grupo de sus incondicionales se burlaron del trío de "nerds" que retaban su nuevo capricho: Luis Fortuño, Pedro Pierluisi y Ángel Cintrón, el director de campaña. Les llamaron *mamaos* en pasquines que pusieron por todo San Juan. La culminación de la película *The revenge of the nerds* se completó a las 5:58 de la tarde, del 9 de marzo de 2008, a sólo seis días para que se cumplieran los cinco años del inicio de su camino por el callejón sin salida. Luis Fortuño, se convirtió nuevamente, en Presidente de la Junta de Retiro y envió al retiro, de regreso a Virginia, a Pedro el escabroso. La no-campaña no-resultó. En su peregrinar por ese callejón sin salida muchos lo siguieron y hoy son los grandes perdedores junto con él.

Perdió Jorge Santini quien, mientras Pedro decía que no haría campaña, aseguraba que él se encargaría de hacérsela. Y se encargó. Y perdió. Rosselló perdió en todos los precintos de San Juan. Y perdieron algunos de los protegidos de Santini a los escaños del distrito de San Juan. El voto de castigo, al que se unió Santini para mortificar a los llamados *auténticos*, no fue escuchado: los auténticos que corrieron, ganaron, a excepción del Senador de San Juan, Carlos Díaz.

Perdieron los ñetas, los confinados que apoyaron a Rosselló. El crimen no paga. Por eso perdió el intento de Rosselló de perdonar a los corruptos. Perdieron las organizaciones de dominicanos y cubanos que, velando güira, le dieron el respaldo al Senador de Arecibo. Perdieron los de línea dura, como el General Casillas. Será degradado a soldado raso por el Capitán Fortuño. Perdió Míster Blup, el del programa Desafiando a los Genios. No encontró "eso que estaba buscando". Perdió doña Miriam Ramírez y renunció a ser la Tito Kayak de la estadidad. No se trepará más a los postes para poner banderas estadounidenses. Perdió Charlie Rodríguez quien, alegadamente, no trató bien a doña Miriam y unió esta derrota a las de las alcaldías de Carolina y San Juan, y a la anterior para Comisionado Residente. Perdió Elías Sánchez, quien contestó al llamado de Rosselló cuando le dijo "dame el agua Elías", pero el cacharro en el que se la sirvió resultó estar roto. Perdió don Ramón Bauzá, quien con triquiñuelas quiso conducir el tren desde la Comisión Estatal de Elecciones, pero lo descarriló cuando chocó contra la guagua de Fortuño. Perdió el llamado *corazón del rollo*, pues resultó ser un rollito.

Ganó doña Julia, la ciudadana portaestandarte de los poputuños, quienes ahora aparentan ser más numerosos que los pivazos. Ganaron los medios de comunicación que prefirieron a Fortuño, resentidos por el desprecio de Rosselló a conceder entrevistas y a someterse al escrutinio de éstos. Ganó el voto antiarrogancia, antiprepotencia, anticorrupción y anticaudillismo. Ganó el artículo de *El Nuevo Día* sobre la cleptocracia. Ganó el deseo de cambio, aunque muchos de los cambios, sobre todo en la legislatura, se pospusieron para el 4 de noviembre.

Y ganaron quienes proponen, dentro del Partido Popular, que Aníbal Acevedo Vilá le debe dejar el espacio a alguien que no ponga en peligro el triunfo de ese partido. Aníbal respaldó

199

a Ico Zayas y éste casi pierde. Aníbal no respaldó a los incumbentes de Humacao, Juana Díaz y Ceiba, y ganaron. Hoy deben salir delegaciones hacia Caguas, o hacia Ponce, para buscar a quienes sean capaces de parar la guagua de Fortuño. Esto es un nuevo juego. El falso Mesías fue crucificado. Se cumplió la profecía. Pero ya no resucitará más.

11 de marzo de 2008, *El Nuevo Día*, San Juan, Puerto Rico

REFLEXIONES DE SEMANA SANTA

El que más o el que menos utiliza la Semana Santa para tomarse un descanso. En ese descanso alguna gente reflexiona. Los estadounidenses y quienes viven en los Estados Unidos tienen mucho que reflexionar esta semana.

Sobre 40,000 niños mueren, diariamente, en el mundo, de enfermedades prevenibles. Las necesidades mundiales básicas de nutrición, salud, agua potable y educación, se resolverían, según las Naciones Unidas, con 28 mil millones de dólares. En sólo tres meses, George Bush se gasta en su guerra contra Iraq la friolera de 36 mil millones de dólares. O sea, que si a los Estados Unidos le diera la gana de acabar con los problemas mundiales de nutrición, salud, agua potable y educación, lo podrían hacer con lo que se gastan, en menos de tres meses, en esa guerra abominable.

El presupuesto de guerra propuesto recientemente por el presidente Bush supera en dinero la suma de las economías de, por lo menos, veinte de los países más desarrollados. En los Estados Unidos hay 13 millones de niños que no tienen cuido, lo cual se podría resolver con lo que se gasta en un solo mes en la guerra. Las necesidades de vivienda para los más necesitados en los Estados Unidos también se resolverían con lo que se gasta en unos tres meses de guerra. Hay diez millones de trabajadores en los Estados Unidos que no tienen seguro médico. También se resolvería, con otros tres meses del presupuesto para la guerra.

Esa guerra contra Iraq, la que se declaró hace cinco años, basada en falsedades, ha matado a cerca de un millón de seres humanos, incluso a 4,000 soldados estadounidenses y a 61 boricuas. Todavía el pueblo norteamericano, y mucho menos los latinos que viven en los Estados Unidos, no se ha manifestado contundentemente en contra de la inmoralidad de esa guerra.

La reflexión que tenemos que hacer es cuán responsables somos todos ante esa injusta guerra. En qué medida nuestra pasividad fomenta el que se cometan esas barbaridades. En nuestra zona cómoda, en el Reino Mágico de Disney, donde las explosiones que se oyen son las de los espectáculos en los parques de diversión, nos distanciamos de esa responsabilidad con la humanidad.

Un verdadero cristiano debe alzar su voz y condenar la muerte indiscriminada de niños y ancianos en la guerra. Un verdadero cristiano, no puede permitir que los fundamentalistas de derecha, quienes han sido la base política de Bush, dirijan esta nación.

La reflexión debe ir encaminada hacia la responsabilidad que tenemos cuando nos llamamos cristianos. ¿Es un título más cultural que otra cosa? ¿Veremos en Semana Santa a Bush entrar a una iglesia y darse golpes de pecho? ¿Saldrá con su cara cínica y dirá que, a cinco años del conflicto iraquí, hemos llevado la democracia a ese país y que, por eso, debemos dar gracias a Dios? Está en los verdaderos cristianos denunciar esa blasfemia y hacer pública nuestra condena a esa inmoralidad.

Doce mil millones mensuales en un conflicto bélico nos debe golpear en la conciencia. En el tiempo que usted se ha tomado en leer esta columna, tal vez, unos cinco minutos, ya se han ido por el chorro 1.4 millones. ¡Qué barbaridad! ¡Hay que reflexionar!

203

18 de marzo de 2008, *El Nuevo Día*, Orlando, Florida

La bola está en la cancha de Caguas

Los penepés ya salieron de Rosselló. Los populares no saben qué hacer con Aníbal. Rosselló se fue decepcionado porque, una vez más, quienes lo rodeaban diz que lo engañaron. El problema con los políticos es que se rodean de gente que les dice lo que ellos quieren escuchar y no les permiten escuchar el grito de la calle. Por eso algunos de los ayudantes cercanos de Rosselló lloraron, sin consuelo, el día de las primarias, cuando empezaron a llegar los resultados. El grito de la calle les había roto el cerco. Me parece que lo mismo le va a ocurrir a Aníbal. Mientras lo escuchaba dar su último mensaje sobre el presupuesto, me percaté de que la gente ya no lo escucha. Pudo haber dicho la cosa más dramática del mundo y la gente se hubiera quedado como si nada. El pueblo está inmune a su discurso. Eso mismo le pasó a Rosselló.

Esto no tiene nada que ver con que si la legislatura ha sido una piedra en el camino, con su obstrucción constante, o si el precio del petróleo ha subido a niveles insospechados, o con que Aníbal haya dado el todo por el todo o no. Es que la gente se cansa, con o sin razón, y punto. La gente en Puerto Rico está harta de un país que no se mueve. Por eso busca, con desespero, una salida.

Los Estados Unidos han encontrado un negro que los inspire. ¿Dónde está el negro nuestro? El Alcalde de Caguas, Willie Miranda, como que no se atreve. Está muy cómodo en su país de Caguas, como para tomarse el riesgo que la situación amerita. Recientemente, el Alcalde cagüeño hizo la propuesta más lógica que yo haya escuchado de político alguno en muchos años. Propone un Fideicomiso Permanente para la Autosuficiencia de Puerto Rico, mediante el cual, se le pediría a Estados Unidos, que los seis billones de dólares que recibimos anualmente del Gobierno Federal, se nos entreguen en bloque, equivalente a lo que recibiríamos en 20 años, o sea, 125 billones. Con ese dinero, Puerto Rico tendría el compromiso de crear la infraestructura física y social que le permita la autosuficiencia en esos 20 años. Estados Unidos dejaría de tener una sangría de dinero hacia nosotros, de ahí en adelante, y Puerto Rico tendría la autosuficiencia para ser un país independiente como los independentistas queremos, o un estado próspero como lo quieren los estadistas. O estaría en mejores condiciones para negociar un verdadero pacto, como lo desean quienes formulan la libre asociación, pero no basada en la dependencia.

Obviamente, esta es una idea que necesita pasarse por el crisol del análisis económico y político más estricto para ver su viabilidad, pero, por lo menos, es una idea distinta, esperanzadora, que nos podría sacar del atolladero en el que estamos. Los Estados Unidos echa por el chorro, mensualmente, 12 billones de dólares en la absurda y obscena guerra de Iraq. O sea, que con dos meses de ese presupuesto podríamos encaminarnos a acabar con la dependencia económica que nos corroe el espíritu y nos castra como Nación.

Willie propone, pero no se dispone. Barack Obama se ha lanzado a mover la conciencia de los estadounidenses y, gane o pierda, ha creado esperanza y un movimiento de gente joven que no se va a quedar con los brazos cruzados después de las elecciones. Luis Fortuño se lanzó y ya es, quiéranlo los rossellistas o no, el líder de ese grupo que, económica e ideológicamente, le es afín. Va a tener que comprarse un chaleco a prueba de puñaladas, sobre todo las que vengan desde la alcaldía de San Juan, pero está ahí. Dio la batalla y ganó. Y si los populares no hacen algo, lo vamos a tener por ocho años, con los Tomás Rivera Schatz y las Lourdes Ramos de la vida, en el poder.

La contraparte a ese aglutinamiento que Fortuño se encamina a consolidar sería una Alianza Patriótica, fundamentada en esa propuesta de Willie, que logre el apoyo de los sectores liberales y patrióticos del País. Pero, para eso, habría que lanzarse, lograr consensos, negociar alianzas, retar lo establecido y salir de la zona cómoda. Aníbal está claro. A él hay que matarlo en la raya. Y hasta ahora lo ha logrado. Pero sus victorias ya nos han salido muy caras. En noviembre, ¿seguirá teniendo la misma suerte? La calle dice que no. Lo que muchos populares no quieren oír de Willie es un "se los dije" el día después de las elecciones. Quieren escucharlo ahora. La bola está en su cancha.

18 de marzo de 2008, *El Nuevo Día*, San Juan, Puerto Rico

207

El lobo vino. Realmente fue una loba. Mucho más agresiva de lo que se esperaba. Aunque se había anunciado, la reacción inicial fue de negación. "¿Cómo es posible —decía un popular de clavo pasao— que nos hagan esto los norteamericanos, a quienes hemos defendido tanto?" "Es que esa mujer no se casa con nadie", dijo otro, refiriéndose a la fiscal federal Rosa Emilia Rodríguez. "Ni hay nadie que se case con ella", comentó, irónicamente, un tercero.

Una ola de indignación empezó a tomar forma en la tarde del 27 de marzo y fue mucho más allá de las huestes populares. Independientemente de que el Gobernador fuera culpable o no, en la acción de los federales se veía la intensión de pisotear la colonia y de dejarnos saber, inequívocamente, quiénes, realmente, mandan en el territorio. Una vez más escogieron una fecha en particular para enviar un doble mensaje: el día del Grito de Lares para asesinar a Filiberto Ojeda, y el aniversario de la muerte de su padre para acusar al Gobernador. Las reacciones a la acusación

SILVERIO PÉREZ • EL HUMOR NUESTRO DE CADA DÍA

contra el Gobernador, por parte de algunas figuras públicas, dijeron mucho de quienes las hicieron. Unos se unieron a los federales y saltaron sobre la presa. Otros, se elevaron a la altura de hombres y mujeres de estado. Luis Fortuño le pidió la renuncia al Gobernador, lo que sorprendió y decepcionó a muchos de los que lo apoyaron en la primaria. Rogelio Figueroa también la pidió y reafirmó lo que muchos piensan: que le falta para ser un hombre de estado. A diferencia, y con deferencia, Edwin Irizarry Mora no pidió la renuncia del Gobernador, sin dejar de poner en el contexto correcto la acción del Imperio contra el gobernador colonial. Aníbal Vega Borges se creció al apoyar a su amigo adversario político; José Aponte fue todo una revelación de prudencia; Rafael Hernández Colón y Sila Calderón emitieron comunicados de prensa fríos y distantes; el contralor Manuel Díaz Saldaña lució patético; Tomás Rivera Schatz fue el mismo de siempre; y Melo Muñoz, con gran dignidad, estuvo allí, junto al Gobernador, tanto por el fundador del Partido, como por todos los que huyeron de su lado.

Luego vino la reflexión. Puede haber algo de cierto en lo que, técnicamente, se le acusa al Gobernador. El sistema electoral, el de Puerto Rico y el de los Estados Unidos, está corrompido. Los gastos millonarios en las campañas se consiguen con inversionistas electorales, con agencias de publicidad que hacen cualquier cosa por cobrar lo que se les debe, con movidas de dinero de un lado para otro. Se hace aquí y allá. Por eso los congresistas Gutiérrez y Serrano dicen que, por los mismos cargos, habría que cerrar el Congreso de los Estados Unidos. ¿Por qué, entonces, Rosa Emilia Rodríguez escogió acusar a Aníbal, quien se opuso a su nombramiento y, sin embargo, se inhibió del caso de Fortuño, quien junto a Carlos Romero Barceló, enemigo acérrimo de Aníbal, apoyaron el que se la nombrara fiscal federal? A la investigación se le vio la costura desde el principio.

Pero la reflexión debe ir mucho más allá de eso. No es en el contenido del pliego acusatorio donde nos debemos entretener, sino en el encabezamiento: El Gobierno de los Estados Unidos versus Aníbal Acevedo Vilá. El Imperio versus la Colonia. Aníbal será juzgado en un tribunal que no es de aquí, en un idioma que no es su idioma, por unos fiscales que fueron nombrados por otro sistema y, de salir culpable, iría a cárceles que no son las nuestras. ¿Hará falta más evidencia para que el más incauto entienda que esto es una vil colonia? La colonia es la fuente de todas las corrupciones. Es un delito condenado por el conglomerado de las naciones del mundo que Estados Unidos ha ignorado. Aníbal es culpable, sí, de haber defendido ese sistema, con todo y tribunal federal.

La reflexión debe llevar a los populares a cuestionarse los paradigmas de la relación con los Estados Unidos y a tomar acción. Si no convierten este momento en una oportunidad para cuestionarse la naturaleza de esa relación, si no aprovechan para sacar del marasmo político a este país, lo sucedido se quedará en la competencia de quién es más corrupto entre la tribu roja o azul. Si sólo se entretienen en buscar quiénes van a sustituir a Aníbal y a Alfredo Salazar en la candidatura a la gobernación y a Comisionado Residente, la otra guagua, la de la historia, les pasará por el lado. Este momento difícil es una gran oportunidad para contestar la pregunta que don Ramón Emeterio Betances nos hace desde el 1898: ¿Qué hacen los puertorriqueños que no se rebelan?

1 de abril de 2008, *El Nuevo Día*, San Juan, Puerto Rico

Reguetón pa' Billclintón

Míralo que lindo viene, míralo que lindo va, el esposo de la Clinton, que no da ni un paso atrás. Él pasó ayer por mi casa y saludó a mi mamá y le habló del Medicare y de veinte promesas más. Del aeropuerto a Llorens, las mujeres le gritaban, lo seguían a la cancha, si podían lo apretaban. "¿Se acordará del cigarro?, preguntó la más curiosa, un político de oficio, le dijo no hable esa cosa.

Allí estaba la Velásquez, doña Nydia, la del Bronx. Mandó a callar a la gente que estaban de vacilón. Don Luis Llorens Torres, mano, en la tumba se movió, cuando el norteamericano, el discursito empezó. "Gallo que los tiene azules, es el que en los sueños míos ensueñan en desafíos que el campo tiñan de gules. Que su plumaje de tules, la lid desfleque y desfibre. Y que cuando cante y vibre, al lanzarse a la pelea, su canto de plata sea: ¡Viva Puerto Rico libre!".

Cuatro minutos duró, el mensaje de campaña. A mí me pica y me araña el grupo que se juntó. Santini hasta allí llegó, aunque él es republicano. Con la bandera en la mano, la de allá, no la de aquí, se unió a aquel chijá chijí, como siempre, campechano. "Bill Clinton llegó a San Juan", así se justificaba. Y oyéndolo murmuraba: "No están todos los que están".

Y ya de Llorens se van, el pobre atrás se ha quedado, pues se van rumbo al Condado, donde los chavos caerán. Y el poeta que le dio su nombre a aquel caserío, volvió a recitar con brío la décima que escribió: "Llegó un jíbaro a San Juan y unos cuantos pitiyanquis lo atajaron en el parque queriéndolo conquistar. Le hablaron del Tío Sam, de Wilson, de Mr. Rut, de New York, de Sandyhuk, de la libertad, del voto, del dólar, del habeas corpus… y el jíbaro dijo ¡unjú!".

Dios los cría, ellos se juntan, en el pro americanismo: Roberto Prats con McClintock, popunepés, es lo mismo. Ricky Rosselló y Romero, el caballo, aunque esté tuerto, es un demócrata experto aunque, a veces, pendenciero. Jorge Colberg, *oh my god*, ¡qué plumita liberal!, con Hernández Mayoral, detrás de Clinton se vio. Y, así, a Condado llegó el Santa Clós en campaña. De su bolsa y artimaña, las promesas repartió. Es que en el Condado Plaza estaban los Industriales, ¡esos sí son liberales! Allí el billete se amasa. Se habló de los incentivos. Don José Aponte, *¡hello!*, qué raro que se ausentó, últimamente está esquivo.

Ah, y hubo una gran sorpresa cuando se vio entre la gente al gran Alvaro Cifuentes, el experto en las remesas. Jeffrey Farrow, aquel notorio asistente en Casa Blanca, saludó a los de la banca, cual si fuera un Juan Tenorio. Como dos mil por persona, fue el billete allí aportado. Y volvió a resucitar el doctor Richard Machado. ¿Se acuerdan del chequecito que nadie quiso cambiar? Cansado está el pobrecito, no para de rebotar.

Aníbal, un buen descanso con la visita cogió. El hombre, que no es bobito, con Obama se alineó. A Willie Miranda ya lo tiene neutralizado. Y al joven García Padilla la soguita le ha acortado. ¿Sabrá Clinton los detalles de todo este sal pa' fuera, que este pueblo está a la espera, y que hay tensión en las calles? ¿Sabrá que los federales están metiendo las manos, para que el pueblo se olvide de ser tan pro americano? ¿Sabrá lo de Filiberto, y lo de los periodistas, del *pepper spray* y la lucha que hay entre los estadistas? ¿Se enteró que Rosselló, amigo de su mujer, es ejemplo de aquel ciego, que nunca desea ver? ¿Sabrá de Paseo Caribe y del bochinche Supremo con los desarrolladores? No sabe nada, me temo.

215

Ayer se fue al Capitolio el señor ex Presidente. Y lo que allí sucedió, en la prensa está presente. Creo que de Franklin Roosevelt algo iba a develar. Y después se fue pa' Caguas, ¿con Willie se iba a encontrar? Almorzaría en Salinas y de astrólogo me guillo: por razones personales, se iba a comer un chillo. En Ponce daría un mensaje. Con Ico Zayas, la meta, era con maví criollo, darse una buena jumeta. Y de allí saldría rumbo a otro destino, otra cosa, para recoger chavitos, para ayudar a su esposa.

Y sea en Llorens, en Ponce, en Caguas y el litoral, después de esa gran visita, la cosas siguen igual. Por dos días hubo el juego a ser casi americanos, se repartieron billetes, se llevó llenas las manos. Acá las manos vacías, dejadez y parsimonia. Acá, con los federales, bien desnuda la colonia.

8 de abril de 2008, *El Nuevo Día*, San Juan, Puerto Rico

SIN MIEDO

El miedo es un mecanismo de protección, una señal de alarma que tenemos los seres humanos en nuestro sistema para alertarnos de algo que pudiera atentar contra nuestra sobrevivencia. ¿Cuántas veces las alarmas de los carros o de las casas se activan equivocadamente? Así nos pasa con esa alarma interna. ¡Ay, qué susto pasé!, le decimos a alguien que inadvertidamente se nos apareció. La alarma se activó equivocadamente.

Recuerdo de mi niñez que una noche, a través de la ventana de la casita de madera donde me crié, veía a la distancia, iluminado por la luz de una espectacular luna llena, un ser extraño, fantasmal, que se inclinaba invitándome a que me le acercara. El terror se apoderó de mí, pero si cerraba la ventana el calor no me dejaría dormir. Fui temblando al cuarto de mis padres y mi papá vino a ver qué era lo que me asustaba. Lo vio, entonces me tomó de la mano y salimos de la casa en dirección hacia la fuente de mi terror. Yo me resistía pero papi sabía muy bien cuál sería el remedio a mi miedo. Cerré los ojos cuando ya estábamos cerca pero los tuve que abrir cuando papi me dijo: ¡he ahí tu fantasma! Era una guajana de caña de azúcar movida por el viento. Me sentí tan tonto, pero aprendí una gran lección. En inglés se dice que FEAR es "False Evidence Appearing Real".

218

Un ser humano que quiera crecer y lograr grandes cosas en la vida tendrá que aprender a lidiar con el miedo. Si no, éste le paralizará. Así mismo con los pueblos. En Puerto Rico, el sistema colonial se ha sostenido por el miedo que engendra un poder superior sobre sus dominados. Aprendimos que las gallinas americanas, y los huevos que ponían, eran más grandes que las de aquí. Que los gringos eran más inteligentes —¿cuándo tú has visto una americano quebrao?— nos decían para destacar la maña sobre la fuerza. Que todo "lo federal" era mucho más serio y acarreaba peores consecuencias que "lo local".

La celebración sin precedentes de aquel juego de baloncesto en el que el Equipo Nacional venció sobre el Dream Team americano y el gesto patriótico de Carlitos Arroyo mostrando su camiseta con la bandera de Puerto Rico no es otra cosa que el gozo que se siente cuando se rompe la barrera del miedo y descubrimos que se puede, que hay vida detrás de esa cortina negra.

En nuestro país, como es natural en una colonia, la política se hace usando el miedo. Gracias a la guerra fría el cuco del comunismo fue el arma principal contra la independencia. El miedo a perder la identidad ha sido un argumento poderosísimo contra la estadidad. Aún así, los estadistas han estado dispuestos a tomarse el riesgo de ser estado y los independentistas el de ser soberanos. El partido que ha defendido tradicionalmente el sistema colonial es la víctima principal de ese miedo. Si se mueve a la derecha los de la izquierda lo acusan de pitiyanqui y si se mueve hacia la izquierda los de la derecha lo acusan de independentista. Así, aterrado, el Partido Popular se ha aferrado a un centro inmovilizante que ya no aguanta más.

Los sucesos relacionados con las acusaciones al gobernador Aníbal Acevedo Vilá y el descalabro económico que sufre el País han despertado los deseos de un sector dentro del PPD de romper esa barrera del temor y lanzarse a la búsqueda de una soberanía que nos permita tomar TODAS las decisiones que tengamos que tomar para hacer de éste, un país posible. Ante esas voces se ha levantado un coro de asustados que ven fantasmas que nos arrebatan del seno paternal del Tío Sam. Es una lástima que jóvenes talentosos y honestos, como Héctor Ferrer, se han hecho eco de los miedos ancestrales de líderes del pasado y analistas del presente que quieren soberanía sólo para soberanamente decidir seguir siendo colonia. Resulta curioso el hecho de que hay sectores independentistas que, también movidos por el miedo a perder su espacio ideológico, desaniman a aquellos que están dando sus primeros pasitos hacia la verdadera soberanía.

Hoy más que nunca el Partido Popular tiene que escuchar la voz de doña Inés Mendoza, viuda de Muñoz Marín, exhortándoles a actuar SIN MIEDO. Cuando el País entero lo haga, nos podremos disfrutar, sin miedo, de la belleza de una guajana de caña movida por el viento en una noche de luna llena.

5 de mayo de 2008, *El Nuevo Día*, San Juan, Puerto Rico

MEA: Manual del Elector Aguzao

Puerto Rico está atrapado en medio de la guerra de tres tristes tribus que mantiene al País estancado, sin moverse a solucionar sus grandes problemas. Hasta que no nos salgamos de las tribus eso seguirá siendo así. El elector aguzao ya lo ha hecho. Para que las filas de electores aguzaos crezcan es necesario entender, en forma sencilla, cómo operan esas tribus.

Visualicemos la totalidad de los electores de un partido político como un gran círculo con muchos círculos concéntricos en su interior. El primer círculo, el del centro, es uno pequeñito y corresponde a la cúpula de ese partido. Todos los que lo componen son totalmente fieles al partido por una sencilla razón: son fieles a sí mismos y a lo que el partido significa para ellos, sea un buen guiso económico, conexiones con empresarios, poder o una ideología de status. Aquí están los miembros del Comité Central, o como se le llame en ese partido en particular, legisladores estatales y municipales, directores de avanzadas, líderes de precintos, de unidades electorales y de barrios. Esos siempre van a votar *"Una sola cruz debajo de… la tribu"* porque es la forma en que el Partido se perpetúa, y por ende, ellos también. Este círculo va a cuanto bautismo de muñecas convoque el partido. De ese grupo podrás observar que algunos, cuando han estado en la punta de la cúpula y han perdido en las elecciones o se han retirado porque ya no tienen el sartén por el mango, como que se les quita el fervor partidista y ya no aparecen ni por los centros espiritistas. ¿Cuándo fue la última vez que usted vio a Rafael Hernández Colón en una actividad masiva del Partido Popular? Sin embargo, ese no ha sido el caso de Carlos Romero Barceló. Bueno, es que en su caso se dice: "El Caballo, si todavía respira, aspira". La base de análisis político de este grupo se reduce a dos palabras: "mi conveniencia".

El segundo círculo, mucho más grande que el primero, corresponde al llamado "corazón del rollo". Éstos son los fanáticos que van a votar *"Una sola cruz debajo de… la tribu"* aunque el candidato sea Mickey Mouse. De hecho, eso explica la gran cantidad de políticos "mickey mouse" que encontramos por ahí, principalmente en la legislatura. El corazón del rollo se compone, por lo general, de personas humildes que heredaron el fervor partidista de su familia y sienten que en su DNA está el código de la colectividad. Son ellos los que dan dinero en los semáforos cuando se hacen maratones de recolección de fondos, son los que van a las grandes concentraciones y los que son capaces de dejar de hablarle a un familiar cercano por la sencilla razón de que este familiar es del corazón del rollo del partido contrario. La base del análisis político de este grupo es el fanatismo. Lo que diga mi partido es lo que está bien y lo que diga el partido opositor está mal, aunque sea lo mismo que decíamos antes cuando estábamos en la posición en la que el otro está ahora. Recuerden que el Partido Nuevo Progresista tenía en su programa de gobierno el Impuesto sobre las Ventas (IVU) mientras que Aníbal Acevedo Vilá lo rechazaba visceralmente cuando era candidato. Cuando Aníbal salió gobernador y, según él para salvar el crédito del País, tuvo que adoptarlo, el PNP se opuso tenazmente. Otro ejemplo: El Partido Independentista ha apoyado siempre la Asamblea Constitucional de Status (ACS) como mecanismo para resolver el eterno problema político puertorriqueño, hasta que los populares la incorporaron a su discurso. De ahí en adelante el PIP ha respaldado proyectos de congresistas norteamericanos que no necesariamente van alineados con ese planteamiento y critican a los populares porque diz que la ACS que ellos promueven no es aceptable. Los populares, por su lado, siempre criticaron a los que iban a la ONU a discutir el problema de la relación de Puerto Rico con los Estados Unidos. En esos tiempos los estadistas iban, junto con los independentistas, a denunciar la colonia ante ese foro. De pronto, cuando los federales le metieron mano al gobernador popular con 19 cargos, por las razones que fueran, entonces los populares decidieron ir a la ONU a denunciar la falta de poderes de Puerto Rico. De inmediato los del PNP fueron al foro internacional, pero a decir que la relación de Puerto Rico y los Estados Unidos era un asunto doméstico, lo mismo que antes decían los populares. Gracias a estas contradicciones cada día más y más electores saltan fuera de los círculos concéntricos de los partidos y se salen de la tribu.

El tercer círculo, muy grande también, es el de los simpatizantes. Éstos casi siempre responderán al llamado de *"una sola cruz debajo de la tribu"* pero no se identifican

223

como miembros del partido y se sienten orgullosos de votar mixto por uno que otro candidato de otro partido. Sólo van a actividades multitudinarias, como los cierres de campaña, contagiados con el entusiasmo de los últimos días de campaña, donde pueden llegar hasta ponerle una bandera del partido al carro o a la residencia. Los simpatizantes, basan su análisis político en si tal o cual candidato les convence o no. Es curioso como, por ejemplo, el PIP siempre ha elegido sus senadores y representantes gracias al voto mixto de muchos populares y nuevoprogresistas, pero condena hasta el nivel de llamarles traidores a los que de su partido ejerzan esa misma opción de votar mixto por otros. Con el correr de los años, la gente se ha decepcionado de los partidos políticos tradicionales y de ese círculo de simpatizantes se han desprendido, como electrones a un átomo, miles de electores que ahora orbitan en la periferia, fuera de las tribus.

El área de la periferia no orbita alrededor de ningún partido en particular sino que es una masa que se mueve en ese vacío entre los partidos. A veces la fuerza de atracción de un candidato, como ocurrió en el 1996 con Pedro Rosselló, atrae a esa masa hacia un partido en particular; a veces se divide entre dos candidatos, pero por lo general no toma una decisión hasta los últimos días previo a las elecciones. Ese voto no alineado viene decidiendo las elecciones desde hace mucho tiempo y casi siempre se convierte en un voto de castigo. Su análisis político se alimenta de lo que escucha en los programas de discusión, de lo que lee, principalmente en *El Nuevo Día*, el periódico que más le llega a ese voto pensante, y a base de lo que entienden que le conviene al País. El espectro ideológico de esa periferia es una buena ensalada de populares soberanistas, estadistas puertorriqueñistas e independentistas no pipiolos aderezados con una salsa criolla de nacionalismo y liberalidad. A la altura del verano del 2008, tal parece que esa periferia se está moviendo peligrosamente hacia el PNP. ¿O sería mejor decir que se está alejando del PPD y lo que ha representado el gobierno de Aníbal Acevedo Vilá?

Pero en un país ante el cual Macondo palidece, hay sectores que no resisten ningún análisis lógico. Del Partido Nuevo Progresista se ha desprendido una facción ultraderechista que apoya a Pedro Rosselló, quien sin embargo, de acuerdo a la política norteamericana, nación a la cual se quieren integrar, es un demócrata liberal. Este grupo, que están llamando a votar "write in" por su caudillo, rechaza hasta el nivel del odio a Luis Fortuño, que en los Estados Unidos es republicano de derecha. Peor aún, el Partido Independentista se alía en muchos asuntos con el derechista PNP mientras mantiene un constante ataque contra los populares liberales y con más vehemencia aún contra aquellos populares que sólo están a un empujoncito para cantarse independentistas. En el Partido Popular, de pronto, la voz cantante de la soberanía, por obra y gracia de los federales, la ha tomado el gobernador Aníbal Acevedo Vilá que siempre ha sido un conservador de centro. Y la más irónica de todas las ironías: en el 2004, por ser Pedro Rosselló el candidato del PNP, fue que Aníbal Acevedo Vilá salió electo pues la gente votó por él, principalmente independentistas, para salir de Rosselló. Ahora, en el 2008, la única oportunidad que tiene Aníbal de regresar a la Fortaleza es gracias a la fortaleza que pueda tener el movimiento "write in" por Rosselló.

Toda esta locura macondiana es observada con una sonrisa irónica por ese elector aguzao de la periferia al que ya no le sorprende nada. El elector aguzao tiene en sus manos el destino de quien gobierne a Puerto Rico por los próximos cuatro años. Ese elector aguzao tiene claro en su mente lo que ha sucedido en el País en los pasados cuatro años y de ese conocimiento ha derivado las siguientes 15 verdades.

1. Hay una nueva forma de mentarle la madre al País: prometerle un gobierno compartido.

2. La peor amenaza a nuestra agricultura no son las gallinas de palo ni los monos de Lajas, son los bichos del Capitolio.

3. El que el status de la Isla no se resuelva es un buen negocio para los tres partidos políticos tradicionales.

4. La libertad de prensa es una ilusión óptica que se aclara con el gas pimienta que los federales le echan en la cara a los periodistas.

5. La primaria del 9 de marzo convirtió a "rossellistas" en "fortuñistas" y a "fortuñistas" en "rossellistas"; y redujo el culto al Mesías a sólo 12 apóstoles.

6. Le tomó a los populares 19 cargos federales entender que el País es una colonia.

7. A 110 años de la invasión estadounidense, a 56 años de la fundación de ELA, a 30 años de los sucesos del Cerro Maravilla, como no hemos aprendido, seguimos repitiendo el mismo curso de historia.

8. El asunto de las escoltas nos demostró que, lo único que puede ser peor que un gobernador, es un ex gobernador.

9. El pueblo prefiere a los Chemo Soto y a los Amolao mucho más que a los de Castro Font de la vida.

10. El Departamento de Agricultura debe abrir una división para la siembra de cemento, dirigida por un desarrollador.

11. José Aponte ha sido una gran inspiración para muchos: si llegó a ser presidente de la Cámara, cualquiera lo puede hacer.

12. Si Fortuño gana la gobernación y la legislatura, y al otro día no pone en marcha el Plan Tenesí, no es estadista na'.

227

13. Si Aníbal Acevedo Vilá gana la gobernación y la legislatura, y al otro día no convoca a una Asamblea Constitucional de Status, no es soberanista na'.

14. Si el Partido Independentista no se convierte en la gran casa donde se le da la bienvenida a todos aquellos que por lo menos se atrevan a balbucear la palabra soberanía, no quiere construir la independencia na'.

15. Los religiosos que condenan a las parejas de homosexuales se hacen de la vista larga ante las obscenidades de los políticos heterosexuales.

Esperamos que este libro, escrito desde mi grúa, sea una especie de manual del elector aguzao para estas próximas elecciones. De no ser así… que Dios nos coja confesaos.

228

Guía para el día de las elecciones

- La víspera de las elecciones no se le ocurra salir de su casa, puede ser arrollado por una caravana.

- Sea el primero o el último en ir a votar, ya que en la hora pico se puede correr el riesgo de que le toque junto a un político y éste lo intente besar frente a las cámaras.

- Al entrar al colegio no mire a ningún funcionario de ninguno de los partidos pues cualquier saludo puede entenderse como un apoyo al partido que éste representa.

- Al momento de votar tome una respiración profunda y recuerde todo lo que ha sufrido en los pasados cuatro años: en las dietas de los legisladores, en las promesas no cumplidas, en los debates estériles, en las estupideces repetidas una y otra vez, y entonces, luego de enjugarse las lágrimas, sonría…es su momento.

- Si hay algún legislador al que de veras quiere fastidiar, escriba en "write in", en la columna correspondiente, pero paralelo a su nombre, el nombre de Platero.

- Al salir del colegio miéntale a los que hacen encuestas a la salida para que la sorpresa por la noche sea mayor.

- Regrese a su casa y comience a darse palos desde temprano por si acaso los resultados son más o menos iguales que hace cuatro años.

- Si llegan familiares entusiasmados sígale la corriente a todos, no vale la pena discutir por políticos.

- Antes de acostarse, de todas formas dele gracias a Dios… en cuatro años podrá desquitarse de nuevo.

POSDATA

La sátira es una cosa muy seria

La sátira es una cosa muy seria. Han leído ustedes esta colección de columnas de Silverio Pérez publicadas originalmente entre 2005 y 2008. En éstas escoge la metáfora de la grúa, desde la que mira, para advertirnos que, como pinta su portada, ve desde arriba a nuestra clase política e invita al País a que se suba con él para ver mejor. No es casualidad —es causalidad— que sea, precisamente, este año 2008 que nuestro pueblo parece estar, al fin, viendo más lejos.

La transfiguración comenzó el 1 de mayo de 2003 ante vehículos militares en llamas, en los portones de la Base Naval de Vieques. Esa, he dicho ya en una novela, fue la brasa. Dos años después ya era un incendio entre la generación de Silverio, quien con su dejo de brujo lo había presagiado todo en 2001, en la columna "Isla Nena 2003", publicada en su libro anterior *Tres tristes tribus*. La resistencia hizo que el Otro "nos moviera el queso", como el gentil relato con el que comienza esta obra.

La sátira de Silverio tentará mayormente a los jóvenes. Contrario al angustiado mexicano Roberto Bolaño quien, en su brillante sátira de los jóvenes de su generación de los años cincuentas, a quienes bautizó como detectives salvajes, nos pintó un cuadro desolado de juventud latinoamericana de estos tiempos sin esperanza alguna; la sátira de Silverio es esperanzadora. Lo es, porque estoy convencido de que habita en el cuerpo de Silverio —o en las neuronas de su cerebro— el espíritu de un amigo muerto, quien nos dijo desde su cama mientras agonizaba, con una sonrisa llena de esperanza por su pueblo y el nuestro: "Déjenme ir, yo les dicto desde allá". Aún nos dicta.

Como el intelectual mediático que es, Silverio tiene que estar orgulloso de que, por primera vez en mis cincuenta años como politólogo, las noticias de varios canales de televisión se insertaron como una tercera parte de los primeros veinte programas de mayor audiencia, durante el portentoso mes de marzo de 2008 —con el que, precisamente, termina este libro. La gente ve y oye noticias como nunca antes. Y tiene dos razones, las cuales elaboraré. Pero Silverio ve más lejos. Escoge no la ciudad telegénica ni cibernética, sino la ciudad letrada, para hacer aquí otra de sus múltiples incursiones en la crítica a nuestra realidad y, precisamente, las noticias.

Es el ver de otro modo. Como nos sugirió el genio Frederic Jameson, en su examen filosófico del subconsciente político, y abonó el científico Drew Westen, al descubrir que el cerebro político, primero que nada, reside en la prehistoria amygdala. En otros de sus escritos, también publicados, ya Silverio lo adelantó en sus textos y presentaciones en los que examina al dinosaurio que cada uno tiene por dentro. Ha dicho un amigo de la inteligencia estadounidense que "en Puerto Rico, los sentimientos son hechos". Silverio convierte la noticia empírica en sentimientos.

Silverio Pérez es un neurocirujano intelectual mediático de un pueblo entero; el nuestro.

Ustedes se habrán dado cuenta, al leer los escritos de Silverio, de que ha traducido, desde su ensayo introductorio, la experiencia mediática de la opinióncracia boricua —que ha sustituido a lo que mal llamamos democracia— para convertirla en la fuente de su imaginación irónica y satírica. No en balde termina el libro con la derrota de El Mesías en la primaria y el arresto de El Alacrán. Son esas dos realidades las que colocaron a un pueblo entero cerca de sus radios y televisores en marzo de 2008, y obligaron, pertinentes, a que Silverio se trepara en la grúa para ver. También al País.

233

Desde que nos movieron el queso en 2005, pasando por la inmolación de Filiberto; al desgobierno de los partidos; a la protesta contra el Buró Federal de Investigaciones, en 2006; al homenaje al asesino Julito Labatud; al Plan Frenesí de los anexionistas, en 2007; a la huelga de los maestros como talibanes boricuas, en 2008; a la humillante derrota de un ex Gobernador que se creyó Mesías; y a la negación-indignación-reflexión, luego del arresto de un gobernador que se creyó maquiavélico, en 2008; llegamos al último texto hasta la desnudez de la colonia. Los hechos históricos, reitero, vistos —como diría Hayden White— desde la "metahistoria relatada por la ironía".

Y a ello, habrán notado ustedes ya, se le añade su mensaje a la diáspora en Orlando, a la nación de los ocho millones que somos y seremos para siempre, recordándoles el histórico relato del pobre José Feliciano que creyó que el Oh, say can you see? del himno estadounidense era la pregunta de miles en el estadio sobre si él, el boricua, podía ver desde los bleachers el plato del homeplate. Esa es mi columna favorita, porque resume semióticamente la imposibilidad del Estado hispano. Pero terminando —otra vez en el portentoso marzo de 2008— con la sutil esperanza de que el nieto de una bruja negra de Kenya pueda convertir —Objetivo Obama solo— el alma estadounidense. Qué les dije, la sátira es una cosa seria, pero que muy seria, en manos de Silverio Pérez.

El brillante autor Hayden White nos enseñó en su texto seminal sobre la imaginación histórica, que el problema de la conciencia histórica se ha movido entre la metáfora y la ironía. Vivimos tres décadas bajo las brillantes metáforas de Luis Muñoz Marín, que él sabía —porque me lo dijo— eran sólo eso. Luego de Muñoz, nadie había escogido otra forma efectiva de metarrelato. Lo han hecho en otras naciones en forma de romance, comedia, tragedia y sátira.

El viejo engañador realismo fáctico y empírico de hace dos siglos ha dado paso, en el nuestro, a lo que White llamó la historia en modo irónico. La sátira es, en su modo de pensar, una forma de realismo histórico. Es esa la contribución principal que nos hace Silverio Pérez.

En nuestro caso —el del pueblo de Puerto Rico de ocho millones de seres— sus parodias, sus libretos diz que humorísticos, y ahora esta serie de columnas periodísticas, deben y van a ser las fuentes de la historia de nosotros que se escribirá en el futuro. Antecedentes tiene, en la ciudad letrada, en textos satíricos como la novela olvidada Scaldado, de Ramón Emeterio Betánces, y la brillante crítica a su sociedad de Póstumo, de Alejandro Tapía y Rivera, que culminan, por supuesto, con los Paliques de nuestro Nemesio Canales. Silverio no es el primero, es el más reciente.

Cuando se escriba la historia como literatura, se señalará

que Nemesio Canales fue el padre intelectual de Luis Muñoz Marín y que le enseñó, con sus satíricas columnas, a
apreciar la diferencia entre los estadounidenses, la presencia
del separatismo en nuestra historia bajo España, la tragedia de la cañaveralización bajo los Estados Unidos, nuestro
hispanoamericanismo, y el rol del jíbaro emblemático del
sagaz, pero enmascarado, Juan Bobo en nuestra historia;
entre otras cosas. Cuando se escriba así nuestra historia,
habrá de significar que Silverio Pérez supo hacer lo mismo
como parodiante, libretista y columnista; sus encarnaciones.
Esperemos su gran novela.

235

Ya ha dicho en uno de sus libros anteriores el admirado
profesor Mario Cancel que el humor y la sátira son una tentación de (anti)historia. Añado que una tentación sonreída
hacia una anti historia anti colonial, que falta nos hace. Y
concluyó Cancel que el humorismo y la sátira, el desenfado
y el compromiso, el respeto hacia sus temas, son una apertu-
ra a la esperanza. Coincido. Y ya ha dicho aquí en su prólogo la admirada Mercedes López-Baralt que esa esperanza está
predicada en que la risa puede matar el miedo. Tremenda
responsabilidad la de Silverio Pérez, que yo he presenciado
mientras trabajo con él en el escenario, en las estentóreas
risotadas de miles en Bellas Artes ante sus parodias. La audiencia, y coincido con Mercedes, estaba realmente riéndose
de sus propios miedos a opinar. Silverio, al parodiar, opinaba
por ellos los subalternos coloniales que se atreven solamente
a reír. Y liberaba su sentir. No hay regreso de la risa, sólo
futuro.

Mientras escribo estas letras, escucho en la radio que otra
vez Tito Kayak se ha montado en otra grúa, y coincide con
mi lectura del manuscrito de Silverio. Hay ahí algún miste-

rio. No es casualidad. Es la causalidad de un país que, con Tito y Silverio, está listo para treparse a la grúa.

JUAN MANUEL GARCÍA PASSALACQUA, San Juan, 16 de abril de 2008. Mediodía.

236